Quando as Mulheres Oram

T. D. JAKES

Quando as Mulheres Oram

10 MULHERES DA BÍBLIA QUE MUDARAM O MUNDO POR MEIO DA ORAÇÃO

Vida

Editora Vida
Rua Conde de Sarzedas, 246 — Liberdade
CEP 01512-070 — São Paulo, SP
Tel.: 0 xx 11 2618 7000
atendimento@editoravida.com.br
www.editoravida.com.br
@editora_vida /editoravida

■

Exceto em caso de indicação em contrário,
todas as citações bíblicas foram extraídas de
Nova Versão Internacional (NVI)
© 1993, 2000, 2011 by International Bible Society, edição
publicada por Editora Vida. Todos os direitos reservados.

Todas as citações bíblicas e de terceiros foram adaptadas
segundo o Acordo Ortográfico da Língua Portuguesa,
assinado em 1990, em vigor desde janeiro de 2009.

■

Editora-chefe: Sarah Lucchini
Padronização: Jacqueline Mattos
Tradução: Cecília Eller
Revisão de tradução: Lettera Editorial
Revisão de provas: Eliane Viza B. Barreto
Coordenadora de design gráfico: Claudia Fatel Lino
Projeto gráfico e diagramação: Vanessa S. Marine
Capa: Vanessa S. Marine e Lira Lira

As opiniões expressas nesta obra refletem o ponto de vista
de seus autores e não são necessariamente equivalentes às
da Editora Vida ou de sua equipe editorial.

Os nomes das pessoas citadas na obra foram alterados nos
casos em que poderia surgir alguma situação embaraçosa.

Todos os grifos são do autor, exceto indicação em contrário.

1. edição: abr. 2025

Dados Internacionais de Catalogação na Publicação (CIP)
(Câmara Brasileira do Livro, SP, Brasil)

Jakes, T. D.
Quando as mulheres oram : dez mulheres da Bíblia que mudaram o mundo por meio da oração / T. D. Jakes ; tradução Cecília Eller. -- 1. ed. -- Guarulhos, SP : Editora Vida, 2024.

Título original: *When women pray.*
ISBN 978-65-5584-375-0
e-ISBN: 978-65-5584-366-8

1. Mulheres cristãs 2. Orações I. Título.

23-141724 CDD-242

Índice para catálogo sistemático:
1. Orações : Cristianismo 242
Eliete Marques da Silva - Bibliotecária - CRB-8/9380

Sumário

Introdução

Ela começa o dia do mesmo jeito que faz há anos. Há décadas. Levando os joelhos ao chão de terra batida de seus simples aposentos, ela se senta sobre os calcanhares e prostra a cabeça no chão. Na tranquila quietude que a cerca, silencia os ecos fervilhantes da mente. Quer estar pronta para aquele momento — pronta para falar e ouvir, para dar e receber.

Pronta para orar.

São cinco da manhã e ela tem muito o que fazer. Em uma hora, ela se unirá às outras irmãs de sua ordem para a missa matinal. Será um alívio. Uma chance de se assentar anonimamente, sem ser reconhecida em meio às fileiras de adoradoras vestidas de hábito azul e branco. Uma chance de adorar. Uma chance de ser preenchida.

Então chegará o momento de servir. De se doar. Quando a missa terminar, ela fará contato com cada visitante, apertando cada mão estendida com as duas mãos, firmando com receptividade seus dedos enrugados ao redor. Em seguida, caminhará pelas ruas da cidade para visitar os enfermos e necessitados. Há comida e remédio a oferecer. Consolo também. Ao longo do dia, ela buscará os excluídos por este mundo apressado: os doentes, os instáveis, os indesejados. Procurará de maneira especial as crianças cujo único abrigo está nas ruas poeirentas e cujo único conforto está nos restos de comida entregues por pedestres compadecidos.

Ela os encontra e os leva para casa.

De tarde, ela planeja visitar o antigo depósito da estrada de ferro que a prefeitura felizmente doou para sua ordem. Ela só precisou pedir. Ao cumprimentar os leprosos que agora vivem ali, tocará cada um deles de maneira intencional. Com carinho. Para que sintam seu amor. Para que sintam e conheçam o amor de Cristo.

Mais tarde, naquela noite, será levada ao aeroporto local a fim de começar uma longa e árdua jornada para o Oeste. Havia aceitado o convite de visitar um dos orfanatos da ordem em Paris. Ou seria o lar no Sul do Bronx, em Nova York? Ainda precisava descobrir. De todo modo, tudo isso ficaria para depois. Tudo isso estava reservado ao futuro, um mistério para todos, com exceção de Deus.

Por ora, na quietude daquela manhã simples, ela se ajeita mais uma vez para orar. As palavras lhe vêm aos lábios com facilidade, como deveria ser, já que as profere há mais anos do que consegue se lembrar.

"Querido Jesus, ajuda-nos a espalhar a tua fragrância por onde quer que formos. Inunda nossa alma com teu Espírito e Vida. Penetra e possui todo nosso ser tão completamente, de tal modo que a nossa vida seja apenas um reflexo brilhante da tua. Brilha por meio de nós e estejas em nós a fim de que toda alma com quem entrarmos em contato sinta tua presença na nossa alma.

Que elas nos olhem e não vejam mais a nós, mas somente a Jesus!

Fica conosco, e então começaremos a brilhar como tu brilhas, a fim de sermos uma luz para os outros. A luz, ó Jesus, virá completamente de ti. Nada dela será nossa. Será o Senhor brilhando nos outros por meio de nós.

Que assim te louvemos da maneira que mais amas, brilhando sobre as pessoas ao nosso redor. Que preguemos sem pregar, não por palavras, mas pelo exemplo, mediante a força contagiante, a simpática influência do que fazemos, a plenitude evidente do amor que nosso coração sente por ti. Amém."[1]

Já adivinhou a identidade dessa mulher misteriosa? Ao nascer, ela recebeu o nome de Anjezë Gonxhe Bojaxhiu, mas o mundo a conhece por um título diferente.

Você já ouviu falar dela como Madre Teresa.

Aos 18 anos de idade, Madre Teresa começou uma vida de serviço missionário — ministério que viveu e respirou por setenta anos. Durante esse período, ela buscou "os indesejados, os não amados e os destituídos" das ruas e favelas de Calcutá. Fundou a própria ordem, as Missionárias da Caridade, dentro da Igreja Católica — ordem que, desde então, se expandiu para incluir milhares de participantes em mais de 140 países. Inaugurou orfanatos e escolas, hospitais e bancos de alimentos. Ajudou a cuidar de órfãos, leprosos, enfermos e moribundos. Foi uma das primeiras a fundar uma clínica para vítimas da AIDS/do HVI na década de 1980. E, em suas muitas participações em eventos públicos, era uma apoiadora

---

1 "Some of Her Favorite Prayers". Disponível em: https://www.motherteresa.org/her-favorite-prayers.html. Acesso em: 23 mar. 2020.

constante e estandarte das verdades registradas na Palavra de Deus.[2]

Madre Teresa viveu como um exemplo brilhante da ordem de Jesus para abençoar os pequeninos deste mundo. No entanto, suas muitas realizações não se baseavam em sua própria bondade ou força, embora ambas fossem consideráveis. Em vez disso, ela fundamentou seu ministério sobre a rocha da bondade e força de Deus — prática que incluía se colocar diariamente diante de seu trono, recitando a oração apresentada anteriormente.

Em suma, a mulher hoje reverenciada como Madre Teresa de Calcutá é um testemunho do que pode acontecer em uma comunidade e ao redor do mundo quando uma mulher ora.

Os nossos alicerces de vida

Tanto hoje quanto ao longo da história, a oração tem sido um alicerce vital da cultura e sociedade humana.

As formas desse alicerce foram lançadas quando Deus caminhou pela primeira vez com Adão e Eva na brisa do jardim. Desde o princípio, a humanidade foi projetada para viver em comunicação com nosso Criador. Então, o concreto para o alicerce foi derramado ao longo dos séculos à medida que Deus chamou o povo por meio do qual ele se revelou ao mundo.

---

[2] Fontes sobre a vida cotidiana e rotina diária de Madre Teresa: DURBIN, Dick. "A Day with Mother Teresa", *Huffington Post* (6 de dezembro de 2017). Disponível em: https://www.huffpost.com/entry/a-day-with -mother-teresa_b_11914914; Sean Callahan, "Songs in the Dark- ness: Mother Teresa's Inner Strength", Beliefnet. Disponível em: https://www.beliefnet.com/faiths/catholic/2007/09/songs-in-the-darkness- mother-teresas-inner-strength.aspx. Acesso em: 31 mar. 2020.

Abraão foi um homem de fé que vivia em constante comunicação com Deus. Como resultado, Deus prometeu abençoar seus descendentes, fazendo deles uma grande nação e, por meio de Abraão, "todos os povos da terra serão abençoados" (cf. Gênesis 12.3). O nome de Jacó foi mudado para Israel — "aquele que lutou com Deus" — quando ele passou uma noite lutando com o Senhor, uma imagem de oração. Moisés, talvez o maior líder que o mundo já tenha visto, era tão dedicado à oração, que se encontrava regularmente com Deus, "face a face, como quem fala com seu amigo" (cf. Êxodo 33.11). Davi, o homem segundo o coração de Deus, escreveu salmos e orações ao Senhor com tanta emoção que continuamos a recitá-los milhares de anos depois.

Deus solidificou o lugar de oração como o alicerce da nossa vida por meio do exemplo vivo de Jesus Cristo, que é o Deus encarnado. O nosso Senhor tinha o costume diário de se retirar "de madrugada, quando ainda estava escuro" para orar (cf. Marcos 1.35). Posteriormente, Jesus ensinou o mundo a orar quando disse: "Pai nosso, que estás nos céus!" (cf. Mateus 6.9). E, na noite anterior à cruz, o Filho se prostrou perante o Pai e orou com tamanha intensidade que seu suor era como gotas de sangue. "[...] não seja feita a minha vontade, mas a tua" (Lucas 22.42).

Os autores do Novo Testamento fizeram questão de enfatizar o papel crucial que a oração deve ocupar na nossa vida. O apóstolo Paulo escreveu: "Não andem ansiosos por coisa alguma, mas em tudo, pela oração e súplicas, e com ação de graças, apresentem seus pedidos a Deus" (Filipenses 4.6). O resultado? Teremos "a paz de

Deus" (v. 7). Tiago exortou os seguidores de Cristo: "[...] confessem os seus pecados uns aos outros e orem uns pelos outros". Por quê? "Para serem curados" (Tiago 5.16). E o autor de Hebreus nos encoraja: "[...] aproximemo-nos do trono da graça com toda a confiança, a fim de recebermos misericórdia e encontrarmos graça que nos ajude no momento da necessidade" (Hebreus 4.16).

Nenhum desses textos bíblicos é dado como sugestão para decidirmos se queremos ou não os cumprir. Em vez disso, são ordens para que obedeçamos.

Vale a pena repetir: tanto hoje quanto no decorrer da história, a oração tem sido o alicerce vital de todos que escolhem seguir a Deus. Aliás, sem estabelecer uma conexão direta com o Senhor por intermédio da oração, não podemos segui-lo. Não fazemos ideia de para onde ele nos conduzirá.

É possível que eu saiba no que você está pensando enquanto lê estas páginas: "Pastor Jakes, este deveria ser um livro sobre mulheres de oração, mas você não para de falar sobre homens! Já citou Abraão, Moisés, Davi e Paulo. Como assim?".

A minha resposta é que, embora tenham existido muitos grandes homens de oração ao longo dos milênios, de modo geral, são as mulheres que vêm levando a maior parte dessa carga.

Tanto hoje quanto no decorrer da história, as mulheres têm sido especialmente poderosas em se apropriar do manto da oração. Enquanto os homens cortavam lenha e limpavam o terreno para construir casas e cidades, em grande medida foram as orações das mulheres que estabeleceram o santuário espiritual das nossas famílias. Enquanto os homens pegavam em armas para travar as maiores guerras da história, as orações e súplicas das mulheres têm regularmente detido a maré do mal nas batalhas espirituais. E, embora a maior parte das posições de liderança nas nossas igrejas seja preenchida por homens, são majoritariamente mulheres que enchem os templos com orações e brados de louvor que chegam ao trono do próprio Deus.

Vi essas verdades se tornarem realidade na minha vida. As minhas duas avós foram mulheres de oração. Eram corajosas e determinadas. Levavam muito a sério seu papel de sustentáculo espiritual da família e da comunidade. A minha mãe era muito ocupada trabalhando como educadora e investindo em imóveis. Ainda assim, com muita alegria ela se dedicava todos os dias para ensinar os filhos a orarem e a nutrirem sua vida espiritual. E o que dizer de minha esposa Serita? Ela é uma verdadeira companheira no ministério e na vida. Ainda assim, por vezes me espanto diante da facilidade de seus passos na presença de Deus e do poder de suas orações.

Amo, em especial, como Serita tem orado pelos nossos filhos ao longo da vida deles. Lembro-me de vê-la segurando cada bebezinho nos braços, com a cabeça abaixada e a voz suavemente sussurrando bênçãos nos ouvidos delicados dos recém-nascidos. Ainda a vislumbro do lado de fora do quarto de cada filho à noite, com a voz baixa, mas os braços erguidos em intercessão. Uma guerreira engajada na batalha.

Até hoje sinto o meu coração palpitar com essas lembranças. Não há nada como as orações de uma mãe!

Além de presenciar na minha vida as maravilhas e a humildade de mulheres que oram, também fui beneficiado — e muito — por mulheres assim. Sem dúvida, escrevo estas páginas hoje por causa das orações das matriarcas que me antecederam. Qualquer sucesso que experimentei na vida e no ministério tem conexão direta com as mulheres que me apoiaram e me encorajaram não só por meio de seu trabalho duro e conselhos sensatos, mas também por suas constantes orações.

O nosso mundo é um lugar estressante por vários motivos. A vida muda a todo instante e não para de impor novos desafios. No entanto, olho para o futuro com confiança e alegria. Por quê? Porque sirvo a um Deus grande e poderoso. E porque tenho testemunhado com os próprios olhos todo o bem que pode acontecer quando as mulheres oram.

Um novo convite à oração

Falando em mudança, vale a pena destacar que as mudanças no mundo com frequência trazem novas bênçãos para a nossa vida. Isso é verdade sobretudo em relação às mulheres na história recente.

Ao olhar para as culturas e sociedades hoje, vejo mulheres inovando e abrindo caminhos surpreendentes em todas as esferas imagináveis. Mulheres subindo a escada corporativa a passos largos e alcançando os níveis mais elevados de sucesso. Elas governam países, liderando com integridade e paixão. Abrem negócios e encabeçam inovações. Demonstram excelência na sala de aula, nas diretorias e onde quer que estejam.

O mais extraordinário é que as mulheres têm dirigido esses avanços fora do lar, sem sacrificar a vida preciosa dentro de casa. Por causa das mudanças tanto na tecnologia quanto nas normas sociais, as mulheres modernas têm equilibrado trabalho e família de maneiras que pareceriam impossíveis para as mães de gerações anteriores. Casam-se com maravilhosos homens de Deus, estabelecendo uma parceria para criar filhos talentosos, os quais, por sua vez, também abençoarão o mundo.

No meu papel de pastor, tenho o privilégio de presenciar o progresso na vida de mulheres da minha comunidade e do mundo em geral. Todos nos beneficiamos desses avanços. Todos ganhamos quando as mulheres influenciam a sociedade em grau mais elevado.

Como pai, porém, sobretudo como pai de filhas, é difícil expressar a profundidade da minha gratidão. Que alegria e que bênção saber que as mulheres de gerações anteriores abriram novas portas para as minhas filhas e que estas hoje têm a oportunidade de desbravar novos panoramas para seus filhos e filhas.

Louvado seja Deus!

Ainda assim, há o perigo de que, na nossa marcha rumo ao progresso e à prosperidade, deixemos de lado um dos ingredientes-chave para o nosso sucesso. Estou falando da oração.

Este livro é um chamado para mulheres de todas as gerações continuarem sua marcha rumo à igualdade e ao empoderamento, mas que o façam mais uma vez envolvendo o poder da oração. Este é um chamado para mulheres de todas as comunidades sonharem como suas filhas e orarem como suas avós.

O mundo do futuro necessita de mulheres que entendam tanto o poder quanto a proteção disponíveis somente por intermédio da oração. Precisaremos de mulheres guerreiras capazes de empunhar espadas na luta contínua contra a opressão e a injustiça. Também necessitaremos de mulheres com escudo em mãos para defender os inocentes e os despreparados.

É somente por meio da oração que tal movimento disseminado se sustentará. É somente por meio da oração que tais avanços maravilhosos não serão interrompidos, mas seguirão em frente.

Além disso, também é importante que as mulheres se lembrem das maravilhas da oração não só como princípio geral, mas também como algo vital na própria experiência. A oração alivia o estresse. Quebra as correntes. Traz paz e é necessária para todos os filhos de Deus, independentemente da idade ou da experiência.

Lembro-me de assistir a uma conversa entre Oprah Winfrey e Maya Angelou no programa SuperSoul Sunday. Ao falar sobre a oração, Angelou comentou: "Ela muda as coisas". Quanta verdade!

Angelou prosseguiu descrevendo como ela pessoalmente tem se beneficiado da oração. "Sei que, quando oro, coisas maravilhosas acontecem. Não para a pessoa ou as pessoas por quem estou orando, mas algo maravilhoso acontece em mim. Sinto-me grata por ser ouvida."[3]

É isso que eu quero para você. Que você seja ouvida. Sustentada. Que encontre a alegria, a paz e a confiança

---

[3] OKURA, Lynn. "The One Thing Maya Angelou Knows for Sure", *Huffington Post* (17 de setembro de 2013). Disponível em: https://www.huffpost.com/entry/maya-angelou-and-oprah_n_3936740. Acesso em: 23 mar. 2020.

que o Criador quis que você recebesse dele muito antes de serem lançados os alicerces da Terra.

Nas páginas que se seguem, você encontrará histórias de mulheres que viveram essas verdades. De maneira específica, você encontrará dez mulheres da Bíblia cuja propensão de orar em todas as circunstâncias separou-as como exemplos brilhantes na escuridão do mundo antigo.

Enquanto você lê, oro para que a luz refletida por essas mulheres tanto ilumine a sua mente quanto inspire o seu coração a seguir o exemplo delas. Oro para que você experimente a profundidade da reflexão, a amplitude da compaixão e a altura da adoração que todas as mulheres podem vivenciar quando dobram os joelhos de forma ativa e intencional em oração.

CAPÍTULO 1

Ana, mãe de Samuel

Quando as mulheres oram, Deus traz nova vida.

Fora um dia longo e Eli se ajeitou agradecido na cadeira ao lado da porta do tabernáculo. Ele esticou as pernas e flexionou os dedos dos pés, alongando as dores e afastando os incômodos familiares após tantos anos de trabalho.

À sua volta, a cidade de Siló fremia de atividade. Um grande grupo de viajantes havia chegado para oferecer sacrifícios a Deus. Pessoas e animais passavam por vários átrios e gramados, cada um esperando sua vez. O cheiro de fogo e fumaça era forte no ar, impregnado com o aroma tentador de carne assada.

De sua cadeira, Eli conseguia ouvir a voz dos filhos, Ofni e Fineias, que realizavam os sacrifícios no interior do tabernáculo. Eram proclamações de bênçãos sobre famílias e crianças. Declarações de perdão. Votos e exortações oferecidos a Deus juntamente com a carne, o sal e o pão exigidos.

Por causa da idade avançada, Eli havia delegado aos filhos boa parte da responsabilidade sobre os sacrifícios. Mas ele continuou a ser o sumo sacerdote. Ou seja, ainda havia muito trabalho por fazer. Muito para realizar e muitas pessoas para cumprimentar. Mas agora ele se recostava na cadeira, apreciando o descanso.

Uma movimentação no canto do olho fez Eli olhar para o pátio. Ele viu uma mulher caminhando sozinha, o que era incomum. Bem, não exatamente caminhando; era mais como se estivesse cambaleando. Com os braços cruzados em cima do peito, ela sacolejava e balançava entre pessoas, cavalos, animais do gado e do rebanho como se estivesse de olhos fechados. Quando ela se virou na direção do sacerdote, Eli viu que os olhos dela estavam *mesmo* fechados. E, além disso, seus lábios balançavam rapidamente sem fazer nenhum som. Ela estava murmurando para si mesma.

O velho sacerdote balançou a cabeça em desagrado. Ele já vira essa cena muitas vezes antes. Famílias ricas que ofereciam grandes sacrifícios se reuniam para fazerem uma refeição suntuosa com sua porção da carne — regada com porções mais do que generosas de vinho.

Aquilo que deveria ser uma celebração da bondade de Deus e a purificação do pecado poderia muito rapidamente se resvalar em devassidão.

"Por quanto tempo você continuará embriagada?", Eli repreendeu a mulher. Ele ficou um pouco surpreso com a própria manifestação de raiva, mas odiava ver tamanha corrupção tão perto da casa de Deus. "Deixe de lado o vinho!".

Quando a mulher abriu os olhos e olhou dentro dos dele, Eli estremeceu. Não conseguiu evitar. A dor que viu na face dela revelou que ele estava enganado em seu julgamento.

Sim, ele estava extremamente enganado!

Duas verdades sobre Ana

Ana, a mulher descrita anteriormente, é a primeira mulher de oração que quero destacar nestas páginas. Há vários motivos para isso. O primeiro é que a história de Ana é fascinante. É também comovente e inspiradora. Mas o principal motivo que me leva a começar este livro com Ana é que sua história é muito acessível. É fácil nos identificarmos com ela.

Posso dizer com confiança que a história de Ana se conecta com a sua de várias maneiras importantes.

Ao começarmos, há duas verdades que precisamos saber a respeito de Ana, a fim de entender por completo a profundidade de sua história. A primeira é que Ana vivia com um anseio não realizado.

Em 1Samuel, lemos que Ana era casada com um homem rico chamado Elcana. Sabemos que ele era rico porque tinha recursos suficientes para viajar com a família inteira até o tabernáculo em Siló todo ano, a fim de oferecer sacrifícios em prol de sua casa. Além disso, Elcana oferecia animais grandes como sacrifício — ovelhas, bodes ou bois. Na lei judaica, as famílias mais pobres de Israel tinham permissão de oferecer pão ou cereais em sacrifício, ou, quem sabe, um par de aves. Mas Elcana tinha carne à disposição para oferecer. Era um homem abastado.

E tem mais. Além de Ana ser casada com um homem rico, a Bíblia diz que ele "a amava" (cf. 1.5), ou seja, ela fora abençoada com estabilidade financeira, um esposo amoroso e vitalidade espiritual dentro de sua casa.

O que poderia dar errado? O que mais poderia estar em falta?

A resposta era filhos. Ana era estéril. Em vez de gestar um bebê, ela carregava consigo um anseio não realizado. No entanto, há mais uma camada ao anseio de Ana que é importante expor se queremos entender a profundidade de sua situação — a profundidade de sua tristeza.

Se voltarmos lá ao início de Gênesis, veremos que Deus fez a Eva a promessa de que um de seus descendentes se levantaria e esmagaria a cabeça da serpente que conhecemos como Satanás. O texto está em Gênesis 3.15 e é chamado pelos teólogos de *protoevangelium* — "primeiro evangelho". Beneficiados pela história, sabemos que essa profecia se refere a Jesus, cuja morte na cruz foi o golpe definitivo que esmagou os planos e o poder de Satanás por toda a eternidade.

Para os antigos israelitas, porém, a promessa de Gênesis 3.15 era uma constante fonte de esperança. Não importa quão escuro o mundo tenha se tornado, não importa quão sinistro seja o comportamento das pessoas, havia uma promessa do Criador de que o mal seria derrotado. Em consequência, as mulheres hebreias se consideravam abençoadas por meio da geração de filhos.

Cada nova vida que surgia em cada útero era uma extensão da promessa divina de, um dia, consertar tudo aquilo que estava errado.

Portanto, o anseio de Ana não era apenas por um filho, mas pela chance de fazer parte dessa bênção, dessa promessa. Ela queria a chance de gerar aquele que, por fim, libertaria a todos. Sua esterilidade a excluía dessa oportunidade, o que tornava seu anseio não realizado ainda mais doloroso.

O meu pai me ensinou a nunca fazer perguntas quando já sei a resposta. Por isso, não perguntarei se você também tem um anseio não realizado, pois já sei que você tem.

Talvez a sua experiência seja semelhante à de Ana, por ansiar há anos sentir a pele macia de um bebê encostar na sua face e ouvir o riso de crianças dentro de casa. Talvez você anseie por um cônjuge com quem dividir a vida, ou quem sabe queira que o seu marido a toque e fale com você com ternura, em vez de tratá-la com rispidez. Talvez o seu anseio seja por uma carreira que a ajude a encontrar significado e propósito. Talvez seja estabilidade financeira. Talvez seja uma casa dentro da qual consiga se sentir segura. Talvez seja um conhecimento mais profundo de Deus e experiências mais profundas com ele.

Qualquer que seja o seu desejo específico, todos carregamos o fardo de anseios não cumpridos. Todos sentimos o peso e o vazio de sonhos que ainda se tornarão realidade.

A segunda verdade que precisamos saber a respeito de Ana é que ela tinha uma rival. As Escrituras contam que Elcana tinha duas esposas: Ana e Penina. E veja isto: "Penina tinha filhos; Ana, porém, não tinha" (1Samuel 1.2b).

Você consegue sentir a dor nesse versículo? A frustração? O texto continua dizendo que Penina irritava Ana por causa de sua situação. Ela intencionalmente provocava Ana, lembrando-a de sua esterilidade. Isso acontecia com tanta frequência e causava tanta dor que muitas vezes Ana "[...] chorava e não comia" (1.7). Ela lamentava constantemente o fato de não ter filhos e era lembrada o tempo todo dessa falta por causa de sua rival.

Da provocação à oração

Como você reage quando se sente provocada? Não estou perguntando como as pessoas *deveriam* reagir ou como você *gostaria* de reagir. Mas como você *de fato* reage?

Por exemplo, como você reage quando alguém com a aparência que você gostaria de ter entra pela primeira vez na sua órbita? Ou na órbita do seu marido? Como você reage quando um colega de trabalho recebe a promoção que você merece? Como você reage quando a outra mãe no parquinho diz algo desagradável porque os seus filhos não estão se comportando tão bem quanto os dela? Como você reage quando é provocada por uma rival?

Na minha experiência, há duas escolhas básicas que podemos fazer ao reagir a uma provocação. A primeira é ficar com inveja.

Quando você vê alguém desfrutando uma bênção que você anseia por receber, sente um gosto amargo na boca. Começa a cobiçar, imaginando como a vida seria doce se você tivesse o que essa pessoa tem, e ela ficasse presa a todas as dificuldades que você vem enfrentando ao longo dos anos. "Ela nem valoriza o que tem! Por que Deus é tão generoso na vida dela, se eu tenho orado, trabalhado e me sacrificado por muito mais tempo do que ela?".

Na sua inveja e amargura, você pode chegar ao ponto de tentar rebaixar a outra pessoa para se sentir melhor. Pode se enganar com a crença de que, se fizer a sua rival se sentir menor, de algum modo você crescerá em estatura.

Ou você pode até ficar cínica com o próprio Deus. "Senhor, tu sabes que eu mereço essa bênção mais do que ela! Não consigo acreditar que tu me ignoras mês após mês, ano após ano, mas respondes instantaneamente às necessidades de alguém que nem sequer te adora. Não é justo!".

Para ser franco, a tentação de trilhar esse caminho é forte para pastores e pregadores. Lembro-me das muitas vezes, durante as primeiras décadas do meu ministério, em que eu olhava ao redor e sentia a forte atração da inveja. Da amargura. "Imagine o impacto que eu poderia causar se tivesse esse tipo de plataforma. Imagine o que a nossa igreja poderia realizar se tivéssemos o orçamento de tal igreja ou uma sede como aquela outra!". Muitas vezes, corri o risco de cair em cinismo, não fossem os sábios conselhos de pessoas que Deus colocou na minha vida, a fim de me guiar rumo a um caminho melhor.

Graças a Deus, há um caminho melhor.

A segunda decisão que você pode tomar quando provocada por uma rival é orar. De maneira específica, você pode reconhecer que, se Deus escolheu dar uma bênção para a vida da sua rival, ele tem poder de dar essa mesma bênção — ou uma bênção maior ainda — a você. Isso significa que você deve buscá-lo em oração e pedir essa bênção, em vez de tentar colocar as mãos no que já foi dado para outra pessoa.

Você percebe que, muitas vezes, Deus coloca rivais *intencionalmente* na sua vida para provocá-la? Não para provocar a sua raiva ou inveja, mas, sim, para provocá-la rumo à grandeza. Para despertá-la e incentivá-la rumo ao potencial que ele enxerga em você. Quando você encontra pessoas de aparência melhor, realizações melhores, situação financeira melhor, relacionamento melhor, vestuário melhor, motorista melhor — qualquer que seja o "melhor" —, precisa entender que existe uma possibilidade real de Deus usar essa provocação para conduzi-la na direção dele, a fim de que ele possa abençoar você da mesma maneira.

Ana escolheu o caminho da oração. Após um confronto especialmente doloroso com Penina em um jantar, enquanto a família estava em Siló, Ana se levantou da mesa e saiu orando até o tabernáculo, a casa de Deus.

Quando Eli a viu, ela estava "com a alma amargurada", chorando muito. Ana apelou ao Senhor: "[...] se tu deres atenção à humilhação de tua serva, te lembrares de mim e não te esqueceres de tua serva, mas lhe deres um filho [...]" (1.11). Após o sacerdote confrontá-la, Ana respondeu dizendo: "Não se trata disso, meu senhor. Sou uma mulher muito angustiada. Não bebi vinho nem bebida fermentada; eu estava derramando minha alma diante do SENHOR. Não julgues tua serva uma mulher vadia; estou orando aqui até agora por causa de minha grande angústia e tristeza" (v. 15-16).

Permita-me pausar a história por um momento e apresentar um princípio que acredito ser crucial para a oração: sempre que você se aproximar do trono de Deus, seja você mesma.

Observe que Ana não lançou mão de linguagem rebuscada nem de palavras sofisticadas enquanto orava. Ela clamou a Deus. Mesmo enquanto chorava amargamente, fez um apelo em meio às lágrimas. Ana orou com intensidade. Orou com fervor. Orou com tanta emoção e desejo que Eli imaginou se tratar de uma mulher embriagada. Que o mesmo possa ser dito ao nosso respeito! Que o mesmo se aplique a nós quando prostramos o rosto em terra diante do nosso Pai celestial e suplicamos pelas nossas necessidades mais profundas.

Às vezes, você sente que Deus só atenderá o seu pedido se você souber as palavras certas a dizer? Apenas se encontrar as expressões exatas? Rejeite esse pensamento! Não há palavras mágicas na oração. Existe somente a graça de Deus.

Você às vezes crê que as suas orações só seriam atendidas se alguém especial orasse por você? Alguém ungido? Alguém mais espiritual ou mais santo que você? Rejeite essa ideia! A Bíblia diz: "Não há nenhum justo, nem um sequer" (Romanos 3.10b). Você não precisa de ninguém para tornar as suas orações mais eficazes. Você só necessita do Espírito Santo de Deus para interceder no seu lugar.

Você presume que Deus prestaria mais atenção às suas orações se você fosse alguém melhor? Ou você tenta se comportar melhor ou quem sabe tenta agir de maneira mais "piedosa" nos dias em que ora porque acha que Deus a levará mais a sério quando você for mais espiritual? Pare com isso! Não é possível puxar Deus pelo braço e forçá-lo a fazer o que você quer. Só é possível se ajoelhar aos pés dele, abrir o seu coração e crer que ele responderá — e que a resposta dele será para o seu bem.

Para resumir, quando você comparecer perante Deus em oração, vá como você é. Pare de se preocupar com a sua imagem e pare de se preocupar com a sua aparência e com o que as pessoas pensam ao seu respeito. Prostre-se de joelhos perante Deus com paixão e fervor, e ele abrirá as janelas do Céu para derramar uma bênção tamanha que você não terá nem espaço para receber!

Foi isso que Ana experimentou.

Bênçãos da vida

Amo o que a Bíblia diz em 1Samuel 1.19: "Na manhã seguinte, eles se levantaram e adoraram o SENHOR; então voltaram para casa, em Ramá. Elcana teve relações com sua mulher Ana, e o SENHOR se lembrou dela".

É a última frase do versículo 19 que me toca toda vez: "e o SENHOR se lembrou dela". Por quê? Porque ela orou.

Isso não significa, porém, que Deus havia se esquecido de Ana antes da oração. Essa não era uma situação na qual Deus estava lavando seu carro na calçada e recebeu uma mensagem de texto celestial que dizia: "Ana quer ter um bebê", então ele coçou a cabeça e disse: "Nossa, eu tinha me esquecido!". Nada disso! O nosso Deus tudo sabe e tudo vê. Ele é soberano o tempo todo e tem consciência constante de cada momento da nossa vida.

As palavras "*se lembrou*" no versículo 19 são uma maneira de sinalizar, na língua hebraica, que Deus tomou a decisão de agir. O Senhor havia escutado cada oração passada de Ana, ao longo de todos os anos de sua vida, e tinha respondido cada oração anterior com "Espere!", "Espere!", "Ainda não", "Ainda não chegou a hora".

Nesse momento, porém, após essa oração específica, Deus se lembrou de Ana e mudou sua resposta. Àquela prece, ele disse sim. Em consequência, "Ana engravidou e, no devido tempo, deu à luz um filho" (1.20a).

Permita-me dizer algo do mais profundo do meu coração, que espero que você ouça: Deus se lembra de você! Sei que você pode ter dificuldade em crer nisso, mas me ouça: ele se lembra de você. Ele sempre se lembra!

Todas as noites em que você se indagou e se preocupou quanto ao futuro, Deus se lembrava de você. Todos os momentos em que passou dificuldade, ele se lembrava de você. Todas as vezes que abraçou um travesseiro e chorou até dormir, ele a viu, ficou ao seu lado e se lembrou de você. Sim, às vezes você faz coisas pelos outros e eles se esquecem de você, mas Deus não se esquece. Acredito que, desde o princípio dos tempos, o Senhor planejou que você estivesse exatamente aqui neste momento, lendo as palavras desta página, porque quer que você saiba que ele se lembra de você.

Deus não se esqueceu de você. Assim como ele não se esqueceu de Ana.

E mais: Deus tem um plano para você, assim como tinha um plano para Ana. Especificamente, ele tinha um plano para levar uma bênção ao corpo dela — para dar vida à vida dela.

Deus deseja ativamente criar nova vida no nosso mundo. Deseja ativamente levar nova vida à sua família. Mesmo quando você acredita que seu sonho morreu, Deus está pronto e disposto a ressuscitar esse sonho e colocar vida no que você imaginava haver se perdido.

É por isso que me empolgo tanto ao ver uma nova geração de mulheres que oram — pois a oração é a chave para destravar as bênçãos de Deus!

Veja o que Ana disse no versículo 20: “E deu-lhe o nome de Samuel, dizendo: ‘Eu o pedi ao SENHOR’”. Ela pediu. Essa é a beleza e a simplicidade da oração. Muitas vezes, tornamos a oração mais complicada do que precisa ser, mas, no âmago, orar é simplesmente falar com Deus. É falar a ele sobre as nossas necessidades, os nossos desejos e pedir que ele aja. Também é ouvir sua voz quando ele responde a esses pedidos — pois ele de fato responde.

O nome *Samuel* significa “ouvido por Deus”. Não é maravilhoso saber que servimos a um Deus que nos ouve? Não servimos aos ídolos da antiguidade, surdos e mudos, por terem sido talhados por mãos humanas. Servimos a um Deus cujas mãos se estendem para nos tocar, cujos olhos nos observam com ternura e cujos ouvidos estão sempre atentos às nossas orações.

Separe um instante para pensar nos seus anseios não realizados — nos sonhos e desejos que você carrega há tanto tempo. Você tem falado com Deus sobre eles? Tem pedido a Deus para recebê-los? Em caso afirmativo, continue a pedir. Ele ouve. Ele não se esqueceu de você.

Se você não estiver pedindo a Deus para receber esses anseios, não há momento melhor que o presente. Você não precisa de palavras sofisticadas. Não precisa se purificar nem encontrar um pregador para orar no seu lugar. Simplesmente vá a Deus como você está — e peça.

Pois, quando as mulheres oram, Deus traz nova vida!

CAPÍTULO 2

Maria

Quando as mulheres oram, Deus leva redenção e reconciliação onde antes havia trevas.

A jovem se assentou na terra em frente à casa de sua família, com os braços protetoramente em volta dos joelhos, de cabeça baixa. Tremendo um pouco por causa dos soluços silenciosos, ela se sentia mais como a garotinha que costumava ser do que como a mulher que todos esperavam que ela se tornasse.

Poucos anos antes, ela estava contente em viver como criança. Sem preocupações. Quando não era chamada para ajudar a mãe a preparar as refeições e fazer o trabalho doméstico, podia correr com as outras crianças pelas ruas de Nazaré e nos espaços abertos. Eles gostavam de jogar pedras nos penhascos e ouvi-las cair pelas encostas rochosas.

Agora tudo era diferente.

Mesmo alguns meses antes, a vida ainda era normal. Mais do que normal — era doce! Abundante. José a pedira em casamento. Eles caminharam pelas mesmas ruas juntos, conversando e sonhando com tudo que o futuro lhes traria. Ele era um homem bom. Um carpinteiro orgulhoso do que sabia construir. Tinha uma boa família, com raízes que ligavam, no passado, ao próprio rei Davi.

Agora tudo havia mudado.

José fora cortês quando eles conversaram pela última vez. Até mesmo bondoso. Mas também fora firme. Disse que não a envergonharia em público. O divórcio seria silencioso. O mais respeitoso possível. Mas o noivado estava acabado. Não haveria futuro. Não haveria mais sonhos. Nada da casa construída com as próprias mãos de José — pelo menos, não para ela.

Maria segurou o fôlego por alguns instantes, então soltou. Um suspiro de frustração e dor. Pela milésima vez, pensou na manhã em que as coisas ficaram assim tão complicadas.

"O anjo disse que sou muito agraciada", pensou. "Disse que o Senhor é comigo. Será que é mesmo? Como isso pode ser verdade?".

As mãos de Maria inconscientemente escorregaram até a barriga, repousando sobre a pequena protuberância de vida nova que pouco tempo antes começara a aparecer. Aquela parte da mensagem do anjo com certeza era verdadeira. Ela nunca se deitara com um homem, porém estava grávida. E não importava quão discreto fosse José no processo de divórcio, logo todos em Nazaré saberiam.

Ela abaixou a cabeça de novo, dessa vez para orar. "Meu Deus, como posso seguir em frente? Como sobreviverei a tudo isso? Há alguma maneira de convencê-lo a ficar?".

É complicado

Muitas vezes na minha vida já desejei poder escapar dos holofotes. Simplesmente me esquivar na obscuridade por algumas semanas. Muito antes de me tornar orador e autor com um grande público e tudo mais, houve diversos momentos em que desejei fugir dos holofotes da minha comunidade. Ou dos meus amigos. Ou da minha família.

Às vezes, é muito mais confortável ser desconhecido e invisível.

Ao falar a mulheres do mundo inteiro nos últimos anos, tem se tornado cada vez mais claro para mim que os holofotes estão mais amplos e penetrantes do que jamais foram. Vivemos em um mundo e em uma época na história em que todos vigiam a todos. Por causa da tecnologia e das redes sociais, é como se todos tivessem acesso a todos, ou seja, todos estão constantemente conscientes dos holofotes.

Além disso, vivemos em um mundo e em uma época nos quais há pressão sem precedentes para fingir que a vida é fácil. Que já sabemos tudo e temos todas as coisas sob controle. Que somos saudáveis, ricos, sábios, felizes e livres, sem nenhuma nuvem escura no horizonte.

Maria entendia a verdade. Ela sabia que a vida é complicada.

Também entendemos que a vida é complicada. Sabemos disso por experiência própria — embora, com frequência, nos sintamos pressionados a fingir que não é assim. Talvez isso se aplique a você.

Quando o seu pequeno grupo vai jantar na sua casa em uma quinta à noite, está tudo imaculado. As janelas e os espelhos brilham. Não há nem um grão de pó no ar ou nas cortinas. Seus convidados ainda conseguem ver as linhas do aspirador de pó no carpete e não há nenhum sinal de bagunça pelos cantos. Um lugar para cada coisa e cada coisa em seu lugar. Mas, e se esses mesmos convidados aparecessem sem avisar em uma segunda à noite, o que encontrariam? Ou quem sabe na quarta pela manhã? Ou na própria quinta uma hora antes do início do pequeno grupo?

É complicado!

Quando você chega ao trabalho na segunda-feira, sente-se confiante, com clareza e no controle das coisas. Para começar, a sua aparência está ótima. Você fez um plano para a semana inteira — todos os projetos que deseja realizar e concluir, além de tudo que delegará aos seus funcionários. Tudo categorizado por cores. Você é a própria imagem da gerente modelo, pronta para liderar a sua equipe rumo à vitória. Mas, e se essa equipe conseguir enxergar além da fachada da realidade externa, o que encontrará por dentro? E se puder ver os seus temores? As suas dúvidas? O seu estresse? A sua frustração? O que eles achariam?

É complicado!

Quando os seus vizinhos passam em frente à sua casa pela manhã, não conseguem deixar de sentir uma pontada de inveja. Eles veem o carro que você dirige. Notam a nova varanda que você construiu na parte de trás (embora você a chame de pergolado). Observam como os seus filhos cortam a grama e arrancam as ervas-daninhas todo sábado de manhã. Até já viram você e o seu marido se beijarem na varanda após saírem juntos toda sexta à noite. Mas, e se esses mesmos vizinhos pudessem ver dentro das paredes? E se tivessem acesso à sua fatura do cartão de crédito? E se conseguissem ouvir as brigas? E se pudessem sentir o que você sente quando a hora do jantar chega e passa, mas o seu marido se esquece de ligar para avisar que não vem — de novo. Como você se sentiria se eles soubessem tudo o que você sabe?

É complicado!

Como eu disse, Maria sabia a verdade sobre a vida porque a vida dela havia se tornado complicada. Veja o que a Bíblia diz: "Foi assim o nascimento de Jesus Cristo: Maria, sua mãe, estava prometida em casamento a José, mas, antes que se unissem, achou-se grávida pelo Espírito Santo. Por ser José, seu marido, um homem justo, e não querendo expô-la à desonra pública, pretendia anular o casamento secretamente" (Mateus 1.18-19).

Imagine como deve ter sido confuso para Maria quando tudo começou a dar errado! Seu noivo havia decidido terminar o relacionamento. Ela era uma adolescente grávida em uma sociedade na qual adolescentes grávidas podiam legalmente ser mortas por apedrejamento. Na melhor das hipóteses, sua perspectiva era uma vida inteira de rejeição e escárnio por parte de uma comunidade muito próxima da qual não poderia escapar.

E o que deve ter sido especialmente confuso — e doloroso — é que as circunstâncias de Maria pareciam contradizer diretamente as promessas que ela havia recebido de Deus.

Agraciada

Se eu perguntar a alguém como essa pessoa está ou como vai seu dia, provavelmente receberei uma resposta em uma só palavra: "Bem". É assim que respondemos as perguntas sobre como estamos hoje. "Estou bem." As coisas eram diferentes quando eu era criança. Naquela época, se eu perguntasse a algum dos anciãos da nossa igreja como eles estavam, sempre diziam a mesma coisa: "Abençoado e agraciado".

Essa foi a primeira promessa que Maria recebeu do anjo Gabriel quando ele apareceu para lhe dizer o que estava prestes a acontecer em sua vida. "O anjo, aproximando-se dela, disse: 'Alegre-se, agraciada! O Senhor está com você!'" (Lucas 1.28).

Você notou a segunda promessa? "O Senhor está com você!". Não preciso nem lhe explicar que essas duas promessas são boas notícias. Mas também não preciso lhe dizer que Maria teve dificuldade de entender como essas promessas se conectavam com a realidade de sua vida, depois que as consequências da gravidez começaram a se manifestar.

O que significa, então, ser agraciada? Teologicamente, quer dizer receber uma grande graça. Não significa que você é melhor que os outros. Não quer dizer que, de repente, você evitará ou transcenderá todos os problemas na sua vida. Significa que você foi tocada pela graça de Deus, assim como Maria.

Deixe-me dizer algo que talvez você precise ouvir, mesmo que tenha dificuldade de acreditar: você é agraciada!

Se você tem permanecido firme no seu casamento, mesmo em meio a dificuldades, é agraciada! Se você tem filhos que moram em casa ou já saíram, fazendo boas escolhas, com o objetivo de se aperfeiçoarem e serem produtivos na sociedade, é agraciada! Se você tem um emprego que ajuda a colocar comida na mesa e pagar as contas mensais, é agraciada! Se você tem um diploma universitário, é agraciada! Se tem um cônjuge com quem pode contar, uma amiga com quem pode se abrir ou um chuveiro debaixo do qual pode se esconder para ter alguns momentos de paz todos os dias, é agraciada!

Em suma, se você recebeu algum tipo de bênção ou provisão na sua vida, é agraciada. Por quê? Porque você não fez nada para conquistar ou merecer essas bênçãos. É recebedora da graça de Deus.

Há outro aspecto que vale a pena analisar na mensagem do anjo a Maria: ela não sabia que era muito agraciada até que o anjo disse tais palavras a seu coração e sua alma. Ela não sabia que o Senhor era com ela. Mas precisava saber.

Pense nisto: não é preciso um mensageiro para lhe explicar algo que você já compreende. Deus não desperdiça seus mensageiros nem nosso tempo. Ele jamais mandaria um mensageiro me dizer que eu sou homem. Não enviaria um mensageiro para me ensinar o que significa ser afro-americano — já sei disso por experiência própria.

Em resumo, Deus não fala na nossa vida para nos dizer o que já sabemos. Ele fala para nos dizer o que precisamos ouvir. Assim como fez com Maria.

Pense em todas as provas que Maria suportou desde o momento da concepção de Jesus até sua crucifixão. Sim, houve bênçãos, mas pense em todas as aflições! Pense em toda a dor! Já mencionei o perigo e a vergonha de estar grávida e solteira em uma sociedade julgadora. Mas reflita no desconforto que ela sentiu ao cavalgar de Nazaré a Belém no lombo de um jumentinho — uma viagem de mais de 140 quilômetros! Imagine a humilhação que ela sentiu ao dar à luz dentro de um estábulo, isso sem falar na dor e na falta de cuidados médicos. Pense no terror que ela suportou ao fugir com a família no meio da madrugada, para escapar de um rei louco e homicida! Imagine essa jovem inexperiente sobrevivendo ao exílio no Egito por dois anos enquanto assassinos rastreavam cada passo seu!

Em meio a todas essas dificuldades, Maria precisava saber que era muito agraciada. Precisava saber que o Senhor era com ela. Esse conhecimento pode ter sido a única coisa que a motivou a seguir em frente.

Com o tempo, Maria conseguiu entender a verdade de seu favor diante de Deus. Sabemos disso porque a Bíblia registra uma de suas orações durante o turbulento período da gravidez. Sua prece começa assim:

> Minha alma engrandece ao Senhor,
> e o meu espírito se alegra em Deus, meu Salvador,
> pois atentou
> para a humildade da sua serva.
> De agora em diante,
> todas as gerações me chamarão bem-aventurada,
> pois o Poderoso fez grandes coisas em meu favor;
> santo é o seu nome (Lucas 1.46-49).

Maria respondeu à graça de Deus em sua vida fazendo uma prece de louvor. Ela não glorificou a Deus meramente com os lábios, mas com toda a alma. Louvou ao Senhor do mais profundo de seu ser, pois entendeu que era abençoada.

Que o mesmo se aplique a você e a mim! Pois somos muito agraciados.

Luz e trevas

Se você continuar a ler a oração de Maria registrada em Lucas 1, encontrará uma profecia poderosa sobre muitas das coisas maravilhosas que seriam realizadas através do filho colocado por Deus em seu ventre. Aquele bebê, é claro, era Jesus, a quem conhecemos como o Cristo. O Messias. O Poderoso. O Deus encarnado.

Em sua oração, Maria profetizou que Jesus estenderia a misericórdia de Deus às pessoas. E não só às pessoas de sua época, mas de geração em geração. Maria profetizou que Jesus realizaria feitos poderosos e dispersaria aqueles de coração orgulhoso. Ela previu que Jesus derrubaria governantes de seus tronos e exaltaria os humildes. Profetizou que Jesus alimentaria os famintos e repreenderia os ricos. E previu que Jesus cumpriria as promessas feitas muito tempo atrás a seu servo Abraão — especificamente a promessa de abençoar "todos os povos da terra" (cf. Gênesis 12.3).

Em outras palavras, Maria profetizou que Jesus levaria luz às trevas do mundo. E não só ao mundo *dela*, mas ao nosso também.

O apóstolo João afirmou essa missão na vida de Jesus quando escreveu:

> No princípio era aquele que é a Palavra. Ele estava com Deus e era Deus. Ele estava com Deus no princípio. Todas as coisas foram feitas por intermédio dele; sem ele, nada do que existe teria sido feito. Nele estava a vida, e esta era a luz dos homens. A luz brilha nas trevas, e as trevas não a derrotaram (João 1.1-5).

O próprio Jesus afirmou essa missão quando disse: "[...] Eu sou a luz do mundo. Quem me segue, nunca andará em trevas, mas terá a luz da vida" (João 8.12).

Então, permita-me perguntar: de que maneiras você tem experimentado as trevas deste mundo? Perceba que não estou perguntando *se* você já experimentou trevas, pois sei que isso acontece. Cada um de nós confronta essas trevas de maneira diferente, mas nenhum de nós está imune. Como você tem experimentado trevas agora mesmo? Neste exato momento?

Quaisquer que sejam as suas circunstâncias, permita-me encorajá-la a orar buscando luz.

Espero que este seja um princípio que você destaque aqui nesta página ou anote em algum lugar, pois vale a pena lembrar: quando você estiver rodeada por trevas que ameacem avassalar a alma, a sua única esperança é a oração.

A sua única fonte de alívio é se lembrar de que as trevas jamais são mais fortes que a luz. E você tem acesso à única Luz verdadeira quando se volta a Deus em oração.

As trevas atuais

Escrevo estas palavras durante um denso período de trevas. Especificamente, escrevo enquanto o mundo sofre a pandemia conhecida como covid-19. Estou digitando em casa, não no meu escritório costumeiro, pois a região metropolitana de Dallas, onde moro, está fechada em um estado de semiquarentena há mais de um mês.

Por causa do vírus, as pessoas são desestimuladas de sair de casa. Receberam a ordem de não ir presencialmente ao trabalho, com a exceção de funções essenciais específicas. As igrejas foram fechadas. As escolas não estão recebendo seus alunos. Os supermercados locais correm o risco de ficar vazios, ao mesmo tempo que os hospitais estão em perigo de lotação.

É uma época de medo, diferente de tudo o que vi em anos — um momento em que muitos têm quase resvalado ao pânico. E isso acontece não só em Dallas, não só no Texas, não só nos Estados Unidos, mas no mundo inteiro.

Eu, pastor, tenho sentido o peso das trevas atuais porque elas impactaram o relacionamento com a minha igreja. Considero um privilégio tremendo me levantar diante da minha congregação a cada domingo e conduzir os adoradores à presença gloriosa de Deus. Rostos que vejo toda semana me animam e inspiram. O nosso coral é um dos mais talentosos que já conheci e aprecio cada momento que estou na presença dos cantores, enquanto estes lideram toda a congregação ao trono de Deus.

Contudo, há semanas esses privilégios me foram negados. Fui privado dessas bênçãos. Sim, a nossa igreja se adaptou. A nossa equipe tem feito todo o possível para criar uma experiência on-line benéfica a todos aqueles que participam conosco. Mas não é a mesma coisa.

De forma clara e simples, sinto falta da minha comunidade. Sinto falta da minha igreja.

Também sinto o peso dessas trevas atuais porque expôs a nossa vulnerabilidade como espécie de modo mais eficiente e eficaz do que qualquer outra coisa na memória recente. No meu país, os Estados Unidos, muitos viveram por anos com a falsa crença de estarem acima dos terrores da vida sofridos por outras nações ao redor do mundo — o terror das doenças, da corrupção, da ineficiência e do pânico em massa. Com frequência, os norte-americanos sentem que seus recursos, sua tecnologia e suas riquezas, em relação ao restante do mundo, vão protegê-los de pandemias e outras dificuldades.

A covid-19 provou a falsidade de tais crenças. Em muitos aspectos, essa pandemia serviu como um grande nivelador nas nossas sociedades. Tem sobressaltado tanto ricos quanto pobres. Tem forçado tanto *millenials* quanto idosos a ficarem em casa. Incomoda republicanos, democratas, libertários, anarquistas e todas as outras afiliações políticas. Conseguiu até penetrar as redomas da fama e da fortuna, alcançando a vida tanto de celebridades quanto do povo comum.

Em outro sentido, porém, a covid-19 tem colocado no holofote as injustiças que existem nas nossas sociedades há séculos. Os afro-americanos compõem 14% da população total dos Estados Unidos, porém representam no mínimo 33% das mortes por covid-19.[1] Muitos são rápidos em destacar que o vírus atinge com mais força pessoas com condições preexistentes, tais como doenças cardíacas,

---

1 EDWARDS, Erika. "African Americans 'Disproportionately Affected' by Coronavirus, CDC Report Finds", *NBC News*, 8 de abril de 2020. Disponível em: https://www.nbcnews.com/health/health-news/african-americans-disproportionately-affected-coronavirus-cdc-report-finds-n1179306. Acesso em: 23 mar. 2020.

diabetes e obesidade. O que esses sabichões muitas vezes esquecem, porém, é que várias dessas condições preexistentes são consequências de injustiça, não resultado de escolhas pessoais.

As pessoas não escolhem viver em condição de pobreza, mas os pobres em geral têm problemas de saúde. Carecem de recursos para receber atendimento de saúde regular ou pagar para frequentar academias caras. Com frequência, não têm acesso aos melhores médicos por causa dos mecanismos de segregação da nossa sociedade. Muitas vezes, não têm instrução sobre as melhores escolhas para um estilo de vida saudável, incluindo educação alimentar e nutricional.

De maneira semelhante, como praticar o distanciamento social quando oito pessoas moram em uma casa de dois cômodos? Como trabalhar em home office quando se tem dois ou três empregos? Como sustentar a família quando tanto você quanto o seu cônjuge trabalham no setor terciário — ramo de atuação comum para pessoas negras — e o comércio e a prestação de serviços fecharam as portas bem na sua frente?

Nenhum desses problemas foi causado pela covid-19. Em vez disso, a pandemia expôs aquilo que vinha sendo escondido à plena visão. Quando ouço falar nessas estatísticas, eu me pergunto: quantos negros que faleceram são membros da minha igreja? Quantos são leitores dos meus livros? Quantos participaram dos nossos congressos e das nossas reuniões?

Se pudermos voltar a pregar presencialmente, parte de mim sente apreensão diante do que vivenciarei quando finalmente tivermos permissão para abrir novamente as portas da igreja. Quantas pessoas não estarão mais lá naquele primeiro domingo? Quantas mãos que costumo apertar estão agora mesmo estendidas em quartos isolados de hospitais, sem ninguém que as console? Quantas bocas que se erguiam em louvor junto comigo semana após semana no passado estão agora presas a respiradores? Quantos rostos que observei e conheci em meio à congregação estão agora mesmo esfriando em necrotérios improvisados, com a voz silenciada e os olhos fechados para sempre?

Talvez a consequência mais perturbadora da covid-19, para muitos na minha cultura, seja a perda dos funerais. Isso pode parecer estranho para você, mas entenda que os funerais são muito importantes para a comunidade negra aqui nos Estados Unidos e para várias outras comunidades ao redor do mundo. Para muitos, o funeral é a única ocasião em que o indivíduo se torna importante. É o lugar no qual todos se reúnem para reconhecer não que a pessoa morreu, mas, sim, que viveu — e que sua vida teve importância. Ter até mesmo essa dignidade negada por um vírus invisível é especialmente pavoroso.

São pensamentos que assombram. São tempos graves esses em que vivemos. É uma manifestação das trevas que abalou muitos até o âmago, e eu me incluo nesse grupo.

No entanto, não sinto medo. Não porque sou forte ou tenho acesso a recursos físicos que os outros não têm condições de adquirir. Não por ter alguma linha direta aos recursos de saúde que se tornam cada vez mais escassos.

Nada disso. A minha falta de medo acontece porque tenho acesso a recursos espirituais por meio da oração. Tenho acesso a Jesus, que traz luz às trevas. Tenho acesso a Deus, que, nas palavras de Maria, é "o Poderoso", capaz de fazer "grandes coisas em meu favor".

Tenho esse acesso por meio da oração e você também tem.

Além disso, permaneço sem medo em meio à crise atual porque estou cercado de mulheres que compreendem o poder da oração. A minha esposa está ao meu lado. As minhas filhas conversam e oram comigo todos os dias. As mulheres da nossa congregação na Igreja Potter House estão unidas em oração pela nossa comunidade e pelo nosso país. E há uma rede de dezenas de milhares de mulheres dos nossos eventos "Mulher, tu estás livre" que se prostram na presença de Deus e intercedem pelo mundo diante de seu trono.

A verdade maravilhosa à qual podemos nos apegar, mesmo em meio a uma pandemia, é que as trevas nunca são mais fortes que a luz. Escolho me agarrar a essa verdade e apelo que você faça o mesmo.

Reconciliação e redenção

Vamos concluir este capítulo voltando ao relacionamento entre José e Maria. Por quê? Porque poucos fardos são tão pesados quanto o peso de relacionamentos partidos.

Você já sentiu esse fardo na sua vida? Dói sobre os ombros quando a pessoa que costumava dizer "eu te amo" agora fala "não quero mais te ver". O peso ameaça derrubá-la quando o mesmo filho que sorria animado toda vez que você aparecia agora não atende as suas ligações — muito menos pensa em telefonar para você. Você sente esse peso quando amigos lhe dão as costas porque não gostaram de algo que você disse ou deixou de dizer. Sente quando ir para o trabalho é uma batalha, pois o seu chefe nunca enxerga as suas contribuições e sempre encontra um jeito de colocar você para baixo.

Sim, relacionamentos problemáticos são um fardo terrível. E relacionamentos rompidos ameaçam nos fazer desabar.

Mas há esperança de reconciliação. Veja o que aconteceu com José depois que ele decidiu dar fim a seu relacionamento com Maria:

> Mas, depois de ter pensado nisso, apareceu-lhe um anjo do Senhor em sonho e disse: "José, filho de Davi, não tema receber Maria como sua esposa, pois o que nela foi gerado procede do Espírito Santo. Ela dará à luz um filho, e você deverá dar-lhe o nome de Jesus, porque ele salvará o seu povo dos seus pecados". Tudo isso aconteceu para que se cumprisse o que o Senhor dissera pelo profeta: "A virgem ficará grávida e dará à luz um filho, e o chamarão Emanuel", que significa "Deus conosco". Ao acordar, José fez o que o anjo do Senhor lhe tinha ordenado e recebeu Maria como sua esposa (Mateus 1.20-24).

Um comentário à parte: em todos os anos seguintes da vida de José, quantas vezes você acha que ele parou para agradecer a Deus em suas orações por enviar o anjo? Imagino que milhares! Pois Maria era uma mulher que valia a pena ter ao lado. Maria era um achado! Era o tipo de esposa a que os homens aludem quando brincam dizendo que "é muita areia para o meu caminhãozinho".

Às vezes, em todo esse episódio, acabamos deixando que a virgindade de Maria obscureça os outros elementos admiráveis de seu caráter. Por exemplo, uma das qualidades que mais aprecio em Maria é sua obstinação. Maria era uma mulher obstinada. Diante de todo tipo de obstáculos e provas, ela lutava sem se render. E lutava não só por si mesma, mas pela vida de seus filhos. Por sua família.

Há uma epidemia no mundo nas últimas décadas que estimula as mulheres a escolherem um caminho mais fácil do que aquele que Maria decidiu trilhar. Há uma filosofia ou uma forma de pensamento que instrui as mulheres a colocar a si mesmas, suas necessidades, vontades, carreiras, seu tempo livre e seus *hobbies* — ou seja, tudo aquilo que desejam — acima de sua família e dos filhos.

Eu creio que isso é uma tragédia. Não porque as mulheres não sejam valiosas, mas por causa do valor extraordinário que existe em se oferecer por aqueles que mais amamos, como fez Maria.

Louvo Maria pela obstinação que ela demonstrou no serviço a sua família. E canto os louvores de cada mulher que escolhe manter a gravidez mesmo quando a estrada à sua frente parece difícil. Louvo cada mãe trabalhadora que luta com obstinação para se manter próxima dos filhos, mesmo tendo um emprego fora do lar. Louvo cada esposa que escolhe voluntariamente pausar a carreira em serviço a sua família. E louvo cada mãe solteira que encontra uma forma de manter sua carreira mês após mês e ano após ano, ao mesmo tempo que proporciona aos filhos o cuidado e o carinho necessários.

Precisamos de mais mulheres obstinadas neste mundo. Precisamos de mais mulheres tão valentes e guerreiras, que seus maridos agradeçam a Deus todos os dias por aquilo que seu anjo da guarda lhes trouxe.

Voltando agora ao sonho de José, consigo ouvir algumas dizerem: "Pastor Jakes, Deus jamais mandou um anjo para que eu encontrasse um homem. E nunca mandou um anjo para fazer todos os meus problemas simplesmente desaparecerem. Como essa história se aplica à minha situação no mundo moderno?".

Para começar, quem disse que Deus nunca mandou um anjo para ajudar a resolver os seus problemas? Os anjos são seres espirituais, mas impactam o nosso mundo o tempo inteiro. Sem dúvida, Deus tem usado anjos para ajudá-la nas suas lutas contra as trevas.

E o mais importante, preciso lhe fazer uma pergunta: *Por que* Deus enviou esse anjo para falar a José em sonho? O que levou a isso?

Creio que a resposta é que Maria orou. Já vimos como Maria ergueu a voz a Deus em louvor mesmo em meio a uma situação difícil. Logo, é razoável esperar que Maria se aproximasse de Deus levando suas necessidades e seus desejos — especificamente seu desejo de reconciliação entre José e ela.

Aqui está outro princípio: quando você não tiver esperança de reconciliação nos seus relacionamentos partidos, a melhor esperança é orar, pois Deus é capaz de fazer coisas extraordinárias acontecerem a fim de restaurar o que se perdeu.

Não só Deus operou reconciliação entre José e Maria, como também as orações de Maria resultaram em reconciliação entre Deus e a humanidade. Isso aconteceu porque o resultado das orações de Maria foi o nascimento, a vida, a morte e a ressurreição de Jesus Cristo. A fidelidade de Maria para orar — e responder ao que Deus comunicava a ela em oração — resultou no dom extraordinário da vida eterna oferecida a todos que se mostrassem dispostos a aceitá-la.

É isso que costumamos chamar de salvação, embora haja outro termo que as Escrituras usam com frequência para descrevê-lo: *redenção*. O mais interessante é que redenção é um conceito financeiro. Significa "resgatar, pagar pela saída de um sócio". Originalmente, era um termo usado quando alguém comprava a dívida de um escravo — redimir um escravo significava comprar sua liberdade.

Foi isso que Jesus fez por nós. Ele nos redimiu. Cancelou a dívida da nossa escravidão ao pecado e comprou a nossa liberdade ao preço da própria vida. Paulo escreveu que em Jesus, e em Jesus somente, "[...] temos a redenção por meio de seu sangue, o perdão dos pecados, de acordo com as riquezas da graça de Deus" (Efésios 1.7).

Você já provou dessa liberdade? Quer mais vida na sua vida? Quer mais luz nas suas trevas? Quer ver relacionamentos curados e o próprio exército dos Céus descer para agir em seu favor?

Então ore! Porque, quando as mulheres oram, Deus leva reconciliação e redenção às trevas deste mundo.

CAPÍTULO 3

Sara

Quando as mulheres oram, encontram esperança e alegria em lugares inesperados.

Todos no acampamento observavam quando a velha senhora saía da tenda. Sara. A patroa.

As conversas cessavam. Os homens que estavam descansando à sombra logo pegavam qualquer ferramenta que estivesse por perto e voltavam ao trabalho. As mulheres endireitavam a postura, enquanto carregavam água ou grãos para o depósito ou de volta de lá. As crianças, repentinamente silenciosas, desapareciam em meio à paisagem.

Sara reprimia o sorriso enquanto se encaminhava para o calor do sol. Ela conhecia a própria reputação. Esta fora bem conquistada ao longo de décadas. "Não recebi muito corretamente o nome de Sarai quando criança?".

Ela não andava como uma senhorinha de 98 anos quando se encaminhava rumo ao depósito para a inspeção diária. A coluna continuava ereta, e seus passos seguiam graciosos. Os olhos brilhavam, e sua mente — assim como a língua — continuava afiada. Mas seus pensamentos eram pesados.

"Que estranho estar perto do fim", ela pensou. "Que estranho me sentir assim tão forte, ao mesmo tempo que tenho essa certeza de que a morte se aproxima.".

A vida de Sara era frenética, desde o início! Nascida em meio aos caldeus, em Ur, ela se apaixonara loucamente por Abraão e fora levada para uma terra distante. Aventura e conforto em um mesmo pacote! Romance e mistério. Houve perigos também. Por duas vezes, ela fora conduzida ao harém de reis estrangeiros — bem, talvez "dada" seja a palavra mais precisa — e, nas duas ocasiões, fora resgatada intocada pela mão de Deus.

"Tenho riqueza, servos, terra e poder", refletia. "Tenho um marido amoroso e memórias a guardar com carinho. Sou abençoada muito além de todas as outras que conheço. Ainda assim...".

Os lábios de Sara se contorceram enquanto ela observava um grupo de crianças brincando animadas nos arredores do arraial. Os filhos dos servos. Os filhos dos soldados. Os filhos dos fazendeiros e pastores. E havia Ismael também, rolando de costas e chutando como um jumento. O único filho de seu marido. "Mas não meu filho!".

Ao longo da vida inteira, Sara observara outras mulheres criando os próprios filhos. Às vezes, ela se sentia soterrada pelos filhos das outras.

Desviava o olhar, em uma rara retirada. Tentava afastar da mente a imagem. "Sou uma mulher idosa, mesmo que não pareça", lembrava-se. "Já passei pelos calores e calafrios da estação de mudança. Sou tão seca e mirrada quanto as ervas daninhas que crescem neste solo arenoso. Ainda assim...".

Em dias como esses, Sara tinha dificuldade de afastar da memória as promessas do passado. As promessas proferidas por Deus a Abraão: "De ti farei uma grande nação e te abençoarei". "Um filho de sua própria carne será seu herdeiro." "Sua esposa Sara lhe dará um filho e ele será chamado Isaque."

As promessas eram absurdas. Impossíveis. Impensáveis, ao levar em conta sua idade e ainda mais a de Abraão.

"Ainda assim... Grande Deus do Céu — o Deus de Abraão, meu marido — poderia isso ainda ser verdade?".

Sussurros secretos

Os leitores perspicazes das Escrituras podem estar curiosos quanto à inclusão de Sara neste livro. Afinal, não há orações feitas por Sara registradas nas páginas da Palavra de Deus.

Em resposta, eu gostaria de direcionar tais leitores a Hebreus 11, no Novo Testamento, que traz aquilo a que os teólogos se referem como "heróis da fé". Nesse capítulo inspirador, o autor de Hebreus destaca homens e mulheres do Antigo Testamento que demonstraram um nível de fé extraordinário no poder e nas promessas de Deus.

Hebreus 11 está cheio dos heróis da nossa fé e inclui Sara: "Pela fé [...] Sara, apesar de estéril e avançada em idade — recebeu poder para gerar um filho, porque considerou fiel aquele que lhe havia feito a promessa" (v. 11).

Eu argumento que é impossível demonstrar fé em Deus sem o conhecer. É impossível conhecer a Deus sem nos comunicarmos com ele. E é impossível nos comunicarmos com Deus sem oração. Logo, posso dizer com clareza e confiança que Sara era uma mulher de oração.

Há outro motivo que me levou a incluir Sara nestas páginas: quero que você entenda que Deus não se limita à nossa capacidade de verbalizar aquilo de que necessitamos ou desejamos. Ou seja, Deus não é restrito por aquilo que falamos. Não é limitado pela nossa laringe. Nem se incomoda com a nossa voz.

Em suma, a capacidade divina de agir não depende da nossa habilidade de orar.

Sim, em muitas circunstâncias Deus prefere esperar seu povo orar antes de liberar poder em sua vida. Em muitas circunstâncias — talvez até mesmo na maioria delas — Deus deseja que nos ajoelhemos e nos derramemos diante dele na forma espiritual de comunicação que costumamos pensar ao refletir na oração. Conforme C. S. Lewis escreveu certa vez: "Parece-me que ele gosta que lhe peçamos as coisas".[1]

Mas não em todas as circunstâncias.

Às vezes, Deus ouve os sussurros secretos do nosso coração, mesmo quando tais sussurros jamais escapam dos nossos lábios. Lembre-se de que Deus é onisciente — ele conhece todas as coisas, inclusive os pensamentos da

---

[1] LEWIS, C. S. *The Complete Chronicles of Narnia*. New York: HarperCollins, 1998. p. 60.

nossa mente e os anseios do nosso coração. E há momentos em que Deus escolhe agir com base nesses pensamentos ou anseios sem nenhum pedido oficial da nossa parte.

Ao escrever Romanos, o apóstolo Paulo descreveu aqueles que esperam por aquilo de que necessitam sem entender por completo o que é necessário para suprir suas necessidades. Ele escreveu: "Da mesma forma o Espírito nos ajuda em nossa fraqueza, pois não sabemos como orar, mas o próprio Espírito intercede por nós com gemidos inexprimíveis" (8.26).

Você não é grata por essa verdade? Não é grata porque Deus a conhece melhor do que você mesma? Não é grata porque o Espírito de Deus, que vive dentro de você, compreende exatamente aquilo de que você necessita mesmo quando é incapaz de articular essa necessidade de uma maneira que faça sentido?

Quando você se enganou, querendo acreditar que estava em um relacionamento saudável com alguém que se importava genuinamente com você, não é grata porque Deus conseguiu ver a dor secreta dentro do seu coração? Não é grata porque ele escolheu salvá-la de uma vida de solidão, quando você estava desesperada por companheirismo e pronta para se casar, embora ainda não soubesse o suficiente para pedir a ele?

Quando você se resignou a uma profissão tediosa, trabalhando no mesmo horário, apertando o mesmo botão, semana após semana, mês após mês, ano após ano — você não é grata porque Deus ouviu o seu clamor secreto por relevância? Não é grata porque Deus sabia que aquela promoção era perfeita para você e escolheu lhe dar, mesmo que você não tenha pedido que ele fizesse aquilo acontecer?

Quando a sua vida espiritual deu sinal vermelho, e você perdeu toda a motivação para buscar uma conexão mais profunda e maior intimidade com Deus — você não se alegra porque ele a viu afundando e interferiu para salvá-la? Não se alegra porque o Espírito de Deus a tocou no seu interior para convencê-la do mal e da sua necessidade de arrependimento, mesmo que você estivesse absorta demais consigo mesma para orar?

Sou grato porque Deus ouve os sussurros secretos, os anseios secretos da nossa vida. Sou grato porque o Espírito do Senhor conserva e monitora os níveis mais profundos do nosso coração. Sou grato porque ele oferece o que jamais imaginávamos necessitar, assim como fez por Sara.

Infelizmente, Sara levou um tempo para aceitar o que lhe fora prometido.

Rindo de Deus

Como você reage quando se depara com as promessas de Deus? Essa é uma pergunta crítica, pois todos temos momentos de encontro com as promessas divinas em várias fases da vida.

Cada um de nós recebe promessas específicas da parte de Deus que são únicas para nós como indivíduos. Tais promessas falam diretamente ao nosso espírito. São verdades que ouvimos e incorporamos na nossa vida sem de fato entender como ou por que elas chegaram. São garantias dadas por Deus daquilo que ele realizará, se escolhermos acreditar nelas e responder com fé.

Além disso, as Escrituras estão repletas de muitas promessas gerais de Deus. São promessas universais — aplicam-se a todos que receberam a salvação pela fé em Jesus Cristo.

Por exemplo, você sabia que há dezenas de promessas feitas por Deus de conceder força a quem necessita? Isaías 40 diz: "Ele fortalece o cansado e dá grande vigor ao que está sem forças" (v. 29). O primeiro livro de Samuel declara: "O arco dos fortes é quebrado, mas os fracos são revestidos de força" (2.4).

O que você acha da promessa divina de dar sabedoria a todo aquele que a pedir? Ela foi feita com toda clareza no livro de Tiago: "Se algum de vocês tem falta de sabedoria, peça-a a Deus, que a todos dá livremente, de boa vontade; e lhe será concedida" (1.5). Não se trata de uma sugestão. Nem de uma dica. Não é uma esperança, um desejo, nem um sonho, mas uma promessa. *E lhe será concedida!*

E estas promessas aqui?

1. "Portanto, eu digo: Tudo o que vocês pedirem em oração, creiam que já o receberam, e assim sucederá" (Marcos 11.24).
2. "O meu Deus suprirá todas as necessidades de vocês, de acordo com as suas gloriosas riquezas em Cristo Jesus" (Filipenses 4.19).
3. "Sabemos que Deus age em todas as coisas para o bem daqueles que o amam, dos que foram chamados de acordo com o seu propósito" (Romanos 8.28).

Como você lida com essas promessas? O que acontece no seu interior quando você as lê?

Com muita frequência, respondemos às promessas de Deus com cinismo. Com descrença. Pegamos aquilo que Deus oferece e colocamos contra a luz, com a sobrancelha franzida e os olhos apertados, olhando os dentes do cavalo dado por ele. Mordemos as pontas com o dente, como potenciais compradores conferindo a autenticidade do ouro. Ficamos indecisos e vacilantes.

"Talvez Deus faça esse tipo de coisa para os outros", pensamos, "mas não para mim".

Creio que Sara começou a vida com esperança. Com alegria também. Quando jovem, ela acariciava essa esperança junto ao peito da mesma maneira que planejava aninhar seu filho. À medida que os anos se passaram, a esperança ficou pesada. Mais difícil de carregar. Mais difícil de segurar junto ao peito e a ela se apegar. Até que, em um dia triste e terrível, ela resolveu deixar de esperar.

Sabia que é possível abortar a esperança? Foi o que Sara fez. E a dor dessa perda foi maior do que qualquer coisa que ela já tinha experimentado. Sara perdeu a esperança e a alegria no mesmo momento.

Logo, não é surpreendente que Sara tenha ficado cética quando Deus abriu as janelas do Céu e declarou que ela estava prestes a ter um filho. Na verdade, ela estava mais do que cética. Abraão também. "Poderá um homem de cem anos de idade gerar um filho?", disse ele. "Poderá Sara dar à luz aos noventa anos?" (Gênesis 17.17b). Quando Deus disse a Abraão que esse filho prometido chegaria em um ano, Sara estava por perto entreouvindo.

Sua única resposta foi dar risada. Zombar. "Depois de já estar velha e meu senhor já idoso, ainda terei esse prazer?" (Gênesis 18.12b).

A pergunta para a qual muitas leitoras desejam resposta é: Por quê? Por que Sara riu e se contentou com o sarcasmo, se o maior desejo de sua vida foi colocado a sua frente em uma bandeja de prata? Dentro de apenas um ano! Deus prometeu que ela sentiria novamente o prazer do toque de seu marido. Deus prometeu que ela sentiria movimentos em seu útero — os chutes e as cambalhotas de uma nova vida. Deus prometeu que seus seios se encheriam de alimento nutritivo, ao passo que seu coração se encheria de alegria.

Era tudo o que ela desejava e queria havia décadas. Por que não conseguiu acreditar? Por que não conseguiu aceitar?

Talvez uma pergunta melhor seja: por que nós não conseguimos?

Creio que a risada de Sara tenha sido um mecanismo de defesa. Era sua forma de proteger o coração de sofrer com a perda da esperança. Creio que o mesmo se aplica a nós hoje, quando deparamos com promessas que, por qualquer razão que seja, parecem boas demais para ser verdade! Afinal, a esperança pode se tornar dolorosa quando levada adiante sem o cumprimento daquilo que se deseja. Por isso, resistimos a reacender a esperança, a fim de evitar a dor. Construímos um muro de risadas contra ela, preferindo o relativo conforto de nosso *status quo* ao risco potencial de renovar a decepção.

Felizmente, há uma solução melhor! Sim, as promessas de Deus muitas vezes parecem boas demais para ser verdade. Mas isso acontece porque somente ele é capaz de conceder aquilo que é bom demais para ser verdade! Deus é soberano sobre todas as coisas, ou seja, é capaz de realizar aquilo que jamais sonhamos ser possível.

Aqui está um princípio a seguir: quando você se sentir cética em relação a uma promessa que parece boa demais para ser verdade, a sua melhor esperança é orar. Busque a vontade de Deus. Se a promessa não vier da parte dele, o Senhor confirmará isso por intermédio do Espírito dele dentro de você. Se a promessa vier da parte de Deus, depende de você aceitá-la e observar o que Deus é capaz de fazer quando você responde a ele com fé.

Não se acomode

As decisões de Sara no passado foram outro motivo que a levava a rir da promessa de Deus — especificamente, sua escolha de se contentar com menos do que o melhor que Deus tinha a oferecer. Ela tentou fazer seus sonhos se tornarem realidade por meio da própria força e inteligência, mas falhou.

Foi assim que Ismael entrou em cena. Quando Sara e Abraão chegaram à meia-idade, ela entrou em pânico. Sabia que Deus havia prometido um filho para Abraão, contudo essa promessa não se cumprira — nem parecia que jamais se cumpriria. Em consequência, Sara resolveu que ela própria tomaria as medidas necessárias. "Já que o SENHOR me impediu de ter filhos", disse ela a Abraão, "possua a minha serva; talvez eu possa formar família por meio dela" (Gênesis 16.2).

Entendo que esperar em Deus pelo cumprimento de suas promessas pode ser difícil. Como você, eu também senti o peso de esperar. O fardo. Ele se acumula dia após dia, ano após ano, até começar a parecer insuportável. Impraticável.

Mas somos capazes de suportar o peso quando a nossa espera é acompanhada de oração. Conseguimos administrar os anos que se passam quando o período de espera é apoiado e exaltado pela oração — por uma comunicação contínua com o Deus que nos fez a promessa em primeiro lugar.

Conclamo uma nova geração de mulheres a orar, pois estou cansado de ver as pessoas se contentarem com menos do que o melhor de Deus em sua vida. Estou cansado de cristãos arrasados pela espera. Estou cansado de ver o povo de Deus assumir as rédeas e fazer para si promessas e bênçãos falsificadas.

Este mundo necessita de mulheres que se ergam e declarem, para todos ouvirem: "Não me acomodarei! Mesmo se eu precisar começar de novo, não me acomodarei. Mesmo que leve mais tempo do que eu havia imaginado, não me acomodarei. Mesmo que eu precise fazer aqueles pagamentos, não me acomodarei. Mesmo que eu precise criar os meus filhos sozinha por um tempo, não me acomodarei. Mesmo que eu precise suportar um chefe que não me valoriza, não me acomodarei. Mesmo que eu precise estudar à noite, não me acomodarei. Mesmo que todos com quem eu fale sobre as promessas de Deus disserem que estou louca e desperdiçando o meu tempo, não me acomodarei".

Não, você jamais fará tudo isso pelas próprias forças, mas não precisa fazer mesmo! Você pode escolher orar e se entregar ao tempo de Deus. Pode confiar que ele fará o bem quando for o melhor momento.

Sim, esperar as promessas de Deus se tornarem realidade é um trabalho difícil, mas a recompensa vale a pena.

Com o tempo, Sara aprendeu essa verdade. Após vinte e cinco anos de espera, ela recebeu o que Deus havia prometido. As Escrituras dizem: "O Senhor foi bondoso com Sara, como lhe dissera, e fez por ela o que prometera. Sara engravidou e deu um filho a Abraão em sua velhice, na época fixada por Deus em sua promessa" (Gênesis 21.1-2).

Sabe o que eu amo nesses versículos? Sara é o foco. Não Abraão.

Ao longo de todo o livro de Gênesis, Deus falou com Abraão sobre promessas futuras. Disse ao patriarca que faria dele uma grande nação. Disse-lhe que todos os povos da Terra seriam abençoados por causa daquela nação — promessa cumprida posteriormente por intermédio de Jesus Cristo. Disse a Abraão que ele teria um filho. E falou que esse filho nasceria dentro de um ano.

Mas leia mais uma vez Gênesis 21.1: "O Senhor foi bondoso com Sara" e "fez por ela o que prometera".

Deus pode ter falado a Abraão, mas conhecia Sara. Ele valorizava Sara. Desejava muito abençoar Sara. E cumpriu sua promessa ao dar a Sara o que ela mais desejava.

Da mesma maneira, Deus conhece você. Deus valoriza você. Deus a vê em meio às suas circunstâncias e quer que você saiba que as promessas dele são verdadeiras *para você*. As bênçãos que ele prometeu se aplicam *a você* e estão a caminho *para você*.

Não se acomode com nada menos do que isso!

Esperança e alegria

Demorou um pouco, mas Sara acabou compreendendo a bênção que havia recebido. Entendeu como Deus ouvira os sussurros secretos e os gemidos mais profundos de seu coração. Como sei disso? Por causa do nome da criança.

Isaque significa "ele ri".

Não é o mesmo tipo de risada que havia escapado dos lábios de Sara um ano antes — o riso zombeteiro de um coração ferido e amargurado. Não! Esse é um riso leve. A risada de quando você até se abaixa e dá um tapinha no joelho. O tipo de riso que enche o ambiente, em alegre contágio.

Não é maravilhoso como Deus consegue transformar o nosso escárnio em esperança e o nosso sarcasmo em alegria?

Segurando o filho nos braços, Sara disse: "Deus me encheu de riso, e todos os que souberem disso rirão comigo". E acrescentou: "Quem diria a Abraão que Sara amamentaria filhos? Contudo eu lhe dei um filho em sua velhice!" (Gênesis 21.6-7).

Sara foi uma mulher cuja esperança e alegria foram restauradas de maneira completamente inesperada. Aquilo que ela imaginava estar morto foi trazido de volta à vida — os lugares secretos de seu coração voltaram a ser preenchidos. O sorriso voltou a sua face. A luz voltou a iluminar seus olhos. Tudo isso porque Deus respondeu a sua oração.

Já senti a alegria de bênçãos inesperadas muitas vezes na vida. Mas amo especialmente quando vejo essa alegria nos outros. É algo que aquece a alma como nada mais consegue fazer.

Já vi mulheres erguerem o braço vitorioso e bradar de alegria ao derrotarem um câncer terminal. Já ouvi falar sobre médicos confusos e perplexos por exames que mostravam um monstro em metástase uma semana antes e apenas tecido saudável na semana seguinte.

Que sentimento bom! E isso acontece por causa da oração.

Já vi mulheres encontrarem o emprego dos sonhos, mesmo achando que não tinham a qualificação necessária. Já vi mulheres receberem um aumento *depois* de serem informadas que não havia dinheiro no orçamento e nenhuma margem de manobra. Já vi mulheres cuja dívida foi perdoada. Já vi mulheres cuja execução da hipoteca foi cancelada. Já vi mulheres libertas das garras do abuso e soltas das cadeias do vício.

Tudo isso alimenta a minha esperança e inspira a minha alegria. E essas coisas só foram possíveis porque as pessoas escolheram não se contentar com o mais fácil, mas orar clamando pelas promessas divinas, mesmo depois que toda a esperança parecia perdida.

É por isso que continuo a conclamar todas as mulheres a orar em todas as circunstâncias. Pois, quando as mulheres oram, encontram esperança e alegria em lugares inesperados.

CAPÍTULO 4

A mulher com fluxo de sangue

Quando as mulheres oram, obtêm vitória sobre as questões da vida.

A mulher sentiu a multidão crescer a sua volta e seguiu o fluxo. Sempre tomando o cuidado de ficar mais no final. Sempre com os olhos focados no rabi que vinha do outro lado em sua direção. O mestre. O operador de curas.

"Isso pode dar certo!", ela pensou, fazendo seu melhor para abafar a onda de esperança que crescia no peito. A cada passo, ele se aproximava. "Isso pode dar certo!".

Ela vinha planejando esse momento havia dias. Observando em meio às sombras. Aguardando a oportunidade exata, a oportunidade precisa. E agora estava mais perto do que nunca.

— Olhe por onde anda!

Ela sentiu a guinada antes de ouvir as palavras enquanto esbarrava no homem a sua frente. Não foi um esbarrão muito forte. Ela pesava bem pouco naquela época. Ainda assim, o homem gritou. E teria gritado muito mais alto se soubesse a verdade — se conhecesse sua verdadeira condição.

— Desculpe-me, senhor! — ela murmurou, com o olhar para baixo.

"Jeová, me perdoe!", ela orou. A mulher sabia como a lei se aplicava a sua condição. Sabia muito bem! Era constantemente relembrada disso havia doze anos. "Mantenham os israelitas separados das coisas que os tornam impuros, para que não morram por contaminar com sua impureza o meu tabernáculo, que está entre eles" (Levítico 15.31).

Era uma violação de sua parte tocar qualquer pessoa. Ela deveria ter se mantido distante da multidão. Deveria ficar gritando: "Imunda, imunda!", sempre que se aproximasse de outro alguém. Deveria ter contado ao homem sobre sua maldição — sobre o fluxo de sangue. Ele tinha a obrigação legal de se purificar depois de tocá-la. Mas ela não ousaria causar um escândalo. Não com o mestre tão próximo!

"Perdoe-me!", ela orou novamente. "Estou desesperada".

Era verdade. Todo dinheiro que ela tinha quando o sangramento começou agora já fora gasto. Toda a família que tinha já havia se afastado. Toda dignidade que levava consigo fora drenada, enterrada sob as faixas de pano que ela lavava e secava toda noite para tentar esconder sua vergonha.

A multidão mudou o rumo de novo e, de repente, ele estava ao seu lado. Ela ficou cercada pelos discípulos, mas havia uma janela — cada vez menor. Conseguiu ver a borda a balançar na barra de seu manto. "É agora ou nunca!".

Então ela sentiu assim que segurou a borda — cura! Um fogo suave subiu e desceu por sua barriga e por ambas as pernas, deixando uma sensação de formigamento por alguns segundos depois. Nesse ponto, ela havia se afastado do rabi e estava procurando um espacinho em meio à multidão para sua rota de fuga.

"Deu certo! Funcionou! Estou livre!".

Foi então que ela ouviu a voz dele, alta mesmo em meio a tanta gente. Cheia de autoridade. "Quem me tocou?". Exigia-se uma resposta.

Incapaz de negar essa voz, ela se virou para encará-lo. Para responder-lhe.

"Deus me ajude!".

Além dos problemas

A primeira coisa que me chama atenção nessa mulher é que nem sabemos seu nome.

Lucas a apresenta da seguinte maneira em seu evangelho: "E estava ali certa mulher que havia doze anos vinha sofrendo de hemorragia e gastara tudo o que tinha com os médicos; mas ninguém pudera curá-la" (8.43). Marcos acrescenta: "Ela padecera muito sob o cuidado de vários médicos e gastara tudo o que tinha, mas, em vez de melhorar, piorava" (5.26).

Era uma mulher corajosa. Demonstrava fé profunda e poderosa no poder de Deus para curar. Sobre ela lemos, conversamos e pregamos literalmente há séculos. Ainda assim, quase nada sabemos a seu respeito.

A despeito de suas qualidades, era definida quase completamente por seu "problema". Por sua doença. Por sua dor.

Você sabia que o mesmo pode acontecer com você? Pode sim! Porque todos nós lidamos com problemas. Todos nós. Todos lidamos com a dor. Todos enfrentamos questões que ameaçam nos fazer desabar. Todos lidamos com circunstâncias difíceis que tentarão definir quem somos — se permitirmos.

Aqui está um princípio: quando o seu problema ameaçar engolir até o seu nome, a sua única esperança é a oração.

Essa mulher entendeu isso. E escolheu buscar a Deus com todas as forças. De acordo com o texto, ela pensou: "Se eu tão somente tocar em seu manto, ficarei curada" (Marcos 5.28). Lucas é um pouco mais específico em seu relato: "Ela chegou por trás dele, tocou na borda de seu manto, e imediatamente cessou sua hemorragia" (8.44).

Por que ela tocou o manto de Jesus? Especificamente, por que tocou "na borda de seu manto"? E por que cargas d'água ela acreditava que, ao fazer isso, seria curada?

A resposta a cada uma dessas perguntas é que essa mulher acreditava na verdade da Palavra de Deus. Em Números, livro do Antigo Testamento, Deus ordenou que os israelitas usassem uma capa com quatro pontas e cada uma delas deveria ser adornada com bordas de linha branca. As bordas continham uma única linha azul, que simbolizava o compromisso de quem a vestia com a obediência às leis de Deus. Esse tipo de roupa era usado por todos os judeus do mundo antigo, e a prática continua a ser observada em muitas comunidades judaicas até hoje.

Ao longo dos séculos, essas bordas passaram a ter uma relevância ainda maior dentro da comunidade judaica. Pessoas de família nobre acrescentavam novas cores ou padrões às bordas para demonstrar sua autoridade. Lembra-se da ocasião em que Davi cortou uma ponta do manto de Saul no deserto de En-Gedi? Simbolicamente, ele estava cortando a autoridade de Saul como rei. As bordas também podiam representar o papel ou lugar do indivíduo dentro da sociedade — inclusive o de rabi. Um mestre. Um operador de curas.[1]

Em suma, ao pegar a ponta do manto de Jesus, aquela mulher estava em busca da borda. Queria se agarrar à autoridade de Cristo e ao símbolo de seu compromisso com a Palavra de Deus — inclusive com as promessas de sua Palavra.

Que imagem maravilhosa da oração! Quando você corre o risco de ser tragada pelos seus problemas ou definida por eles, não reclame. Não se permita ficar afundada na melancolia.

Agarre-se a Deus! Agarre-se e não o deixe partir.

---

1 ROBINSON, Rich. "The Tallit and Tzitzit", *Jews for Jesus* (9 de janeiro de 1994). Disponível em: https://jewsforjesus .org/publications/newsletter/newsletter-sep-1993/the-tallit -and-tzitzit. Acesso em: 31 mar. 2020

Conheça seu valor

Há outra lição que podemos aprender com essa mulher com fluxo de sangue: ela conhecia o próprio valor aos olhos de Deus. Entendia que era valiosa para o Senhor, digna do tempo dele, e se recusou a permitir que qualquer um se interpusesse entre ela e a cura que estava tão desesperada para receber.

Você observará, nos dois relatos evangélicos de sua história, que essa mulher não era o principal objetivo de Jesus naquele dia. Em vez disso, o texto conta que "[...] um homem chamado Jairo, dirigente da sinagoga, veio e prostrou-se aos pés de Jesus, implorando-lhe que fosse à sua casa porque sua única filha, de cerca de doze anos, estava à morte" (Lucas 8.41-42a).

Para começo de conversa, você acha que é coincidência a menina à beira da morte ter doze anos e a mulher lidar com a mesma aflição ao longo de doze anos? Pois acho que não. Não há coincidências quando Deus está em cena. De fato, há certa pungência na justaposição dessas duas pessoas — uma menina correndo o risco de perder a vida às vésperas de se tornar mulher e uma mulher buscando salvação após ser privada da saúde por vários anos na flor da idade.

Ambas necessitavam de Jesus — e Cristo sabia disso.

Observe que Jairo, o pai da garota, era "dirigente da sinagoga". Isso significa que ele era líder da congregação local. Era um homem importante. É quase certo que fosse rico. Era um homem respeitado. Um baluarte da comunidade.

Note também que Jairo procurara Jesus com uma necessidade legítima: sua filha estava morrendo. Assim como no caso da mulher com fluxo de sangue, os médicos não tinham conseguido ajudar. Jairo e a esposa haviam tentado todas as alternativas em que conseguiram pensar, a fim de salvar sua menina, mas ela estava desvanecendo. Imagino Jairo correndo pelas ruas em busca de uma última esperança — aquele operador de milagres chamado Jesus, que fazia os coxos andarem e os cegos enxergarem.

Não só Jairo estava ali, provavelmente cercado por alguns de seus servos, mas os discípulos de Jesus estavam bem perto dele enquanto caminhava pelas ruas. Era um grupo bem tosco de sujeitos — pescadores, zelotes, um cobrador de impostos e outros. Sabemos que, em várias ocasiões, os discípulos tentaram impedir as pessoas de conseguir acesso a Jesus. Viam-se como guarda-costas encarregados de manter a ralé à distância.

Você sabe como a sociedade enxergava a mulher imunda havia doze anos? Ralé. Se os discípulos a vissem se aproximar, provavelmente bloqueariam seu caminho. "O mestre está ocupado com um homem importante agora. Dê licença!".

Nenhum desses fatores deteve essa mulher corajosa de executar seu plano e tomar posse do poder de Deus para curar. Amo isso. Amo sua obstinação. Sua iniciativa. Ela sabia que aquela era a sua última esperança e *daria um jeito de conseguir, não importava o que custasse.*

Não se engane: este mundo sempre tenta convencê-la de que você não é o bastante. Não é valiosa o bastante. Não é respeitada o bastante. Não é boa o bastante. Não é limpa o bastante. Não é santa o bastante. Não tem segurança financeira o bastante. Não tem aceitação social o bastante. Não é feminina o bastante. Não é inteligente o bastante.

Você já sentiu essa pressão, não é mesmo? Outras pessoas já tentaram colocá-la para baixo e diminuí-la. Talvez os seus pais tenham sido rápidos em apontar defeitos e falhos em construir a sua confiança. Quem sabe os seus irmãos tentassem passar a perna em você o tempo inteiro na sua infância — ou até continuem a fazê-lo. Talvez os seus colegas de trabalho tentem aumentar a própria segurança no emprego promovendo a sua insegurança. Talvez o seu cônjuge tenha um modo rotineiro de deixar bem claro que se sente decepcionado com você.

Além disso, a nossa cultura tem uma maneira de nos fazer sentir pequenos. Sempre que olhamos em volta, parece que não conseguimos deixar de reparar em alguém mais atraente do que nós. Não conseguimos deixar de reparar em alguém com uma casa melhor do que a nossa. Não conseguimos deixar de reparar em alguém com um diploma melhor do que o nosso. Não conseguimos deixar de reparar em alguém que tira férias melhores que as nossas. Não conseguimos deixar de reparar no melhor da vida dos outros nas redes sociais, e não conseguimos deixar de comparar esses pontos altos com o que sabemos sobre os nossos piores momentos.

É uma receita para nos sentirmos pequenos. Para nos sentirmos insuficientes.

Como se não bastasse, temos um inimigo espiritual neste mundo, que fará hora extra para levá-la a acreditar que você não é suficiente. Ele quer que você pense que não é justa o bastante para apresentar os seus pedidos perante um Deus santo. Quer que você acredite que não é humilde o suficiente para orar pedindo algo de que necessita. Quer que você acredite que não é mansa o bastante para pedir a Deus que se mantenha ao seu lado em batalha. Quer que você creia que não é feliz o suficiente, caso se aproxime do trono de Deus para desabafar o seu desespero.

Não deixe nada disso funcionar! Não acredite em nenhuma dessas palavras. Porque a mensagem consistente da revelação de Deus ao longo de toda a Bíblia é que você é mais do que suficiente.

Paulo declarou que nós somos "povo escolhido de Deus, santo e amado" (cf. Colossenses 3.12). Você é assim!

João disse que nós somos "filhos de Deus" (cf. 1João 3.1). Você é assim!

Pedro disse que nós somos "[...] eleitos de Deus [...] escolhidos de acordo com o pré-conhecimento de Deus Pai" (1Pedro 1.1-2a). Você é assim também!

A Bíblia diz que você é a menina dos olhos de Deus. Você é o tesouro escolhido dele. Você é valorizada. Amada. Procurada. Escolhida. Você é alguém que vale a pena buscar e por quem vale a pena lutar. Você é alguém por quem vale a pena morrer!

Em suma, você é valiosa para Deus. Portanto, jamais permita que nada a impeça de se achegar a ele em oração.

Não pare!

Há mais uma característica que eu gostaria de destacar nessa mulher com fluxo de sangue: ela nunca desistiu.

Continuou trabalhando e buscando até conseguir tudo aquilo de que precisava. Essa característica tem, sem dúvida, importância crucial no que diz respeito à nossa vida de oração.

É importante garantir que entendamos o contexto do problema específico dessa mulher. A lei do Antigo Testamento incluía uma série de provisões voltadas a destacar a pureza e a limpeza da comunidade de Israel — não "limpeza" no sentido de passar pano no chão (embora isso também seja importante), mas, sim, de limpeza moral. Retidão.

De acordo com essas cláusulas, pessoas, lares ou roupas que estivessem corrompidos de alguma forma — que estivessem imundos — precisavam ser purificados antes de voltar à rotina normal. Quando algo se tornava impuro, costumava haver um processo para o purificar de novo, mas demandava esforço. Às vezes, muito esforço. Ainda assim, tais regras e regulamentos precisavam ser seguidos, a fim de que a comunidade continuasse a ser um local viável para o nome de Deus habitar.

Uma das cláusulas mencionava especificamente as mulheres que tinham sangramento além do período menstrual normal: "Quando uma mulher tiver um fluxo de sangue por muitos dias fora da sua menstruação normal, ou um fluxo que continue além desse período, ela ficará impura enquanto durar o corrimento, como nos dias da sua menstruação" (Levítico 15.25). De acordo com essa lei, quando as mulheres sofriam com sangramentos desse tipo, qualquer coisa que ela tocasse também era considerada impura. Isso incluía a cadeira onde ela se sentasse, a cama onde dormisse — e qualquer pessoa com quem ela entrasse em contato.

Havia consequências adicionais para quem era "imundo" na cultura da época de Jesus. Para começar, tal pessoa tinha a obrigação de anunciar sua condição quando se aproximasse dos outros. Era necessário andar pelas ruas gritando: "Imundo! Imundo!".

E o mais importante: as pessoas cerimonialmente impuras não podiam acessar o templo. Não podiam adorar. Não podiam fazer sacrifícios nem receber expiação pelos pecados. Ou seja, eram excluídas do povo e afastadas do acesso significativo a Deus.

Algo que aprendi por experiência própria foi: não há dor como a do isolamento. Não há tristeza como a tristeza de ficar separado daqueles com quem você se importa, e de seguir perguntando se alguém também se importa com você. Não há desespero como o de se sentir indigno, sem atrativos nem amor, porque, toda vez que você tenta se conectar com alguém ou se aproximar de alguém, a pessoa se afasta.

A mulher com o fluxo de sangue suportou isolamento social e espiritual por doze anos. Tenho certeza de que pareceu durar uma vida inteira.

Contudo, ela nunca desistiu.

Tenho certeza de que ela fez o que muitos de nós precisamos fazer ao lidar com doenças incapacitantes. Primeiro, ela procurou o cuidado e o conselho dos médicos. Começou no próprio bairro, na esperança de que logo seria curada. À medida que os meses se arrastavam, ela foi atrás de especialistas em locais mais distantes. É possível que tenha viajado até Jerusalém, a cidade grande, a fim de encontrar os melhores médicos. Momento em que, provavelmente, tenha gastado todo seu dinheiro. A fonte secou.

Quando ela perdeu toda a confiança nos médicos de sua época, imagino que tenha ido em busca de tratamentos alternativos. Conversou com as vizinhas e tias, para ver o que recomendavam. Pode ter experimentado os equivalentes da antiguidade para a ioga e a homeopatia. Talvez alguém a tenha convencido de que ela fora amaldiçoada de alguma forma, e então ela buscou em vão uma maneira de eliminar o mal que fora lançado sobre si.

Posteriormente, depois que todas as outras esperanças falharam e todos os outros caminhos se mostraram infrutíferos, ela recorreu à oração. Talvez tenha encontrado uma maneira de oferecer sacrifícios. Talvez tenha gritado aos sacerdotes à distância: "Intercedam por mim!". Quando tirava suas roupas impuras à noite e se deitava em sua cama impura, imagino que batia com os punhos cerrados no peito e implorava para que Deus a livrasse daquele fardo. Para que removesse aquela maldição. Para que retirasse aquela mancha de corrupção.

Mesmo assim, ela não desistiu.

E, quando o livramento se aproximou, ela o reconheceu — na figura do Messias. Havia meses ela ouvia as histórias de um rabi que restaurava a visão, um mestre que transformava a pele de leprosos, um operador de curas que tinha autoridade até mesmo sobre os demônios do Hades.

Essa mulher sabia que Jesus era a única esperança que lhe restava e o buscou com obstinação e assertividade.

Ela não recuou em nada e não permitiu que ninguém a detivesse.

Em consequência, encontrou a cura. E não só cura física.

Veja o que a Bíblia diz sobre a reação de Jesus ao ato dessa mulher: "Então a mulher, sabendo o que lhe tinha acontecido, aproximou-se, prostrou-se aos seus pés e, tremendo de medo, contou-lhe toda a verdade. Então ele lhe disse: 'Filha, a sua fé a curou! Vá em paz e fique livre do seu sofrimento'" (Marcos 5.33,34).

"Filha".

Em uma só palavra, Jesus transformou a identidade dessa mulher. Ela não era mais imunda. Não era mais "insuficiente". Não era mais isolada e excluída da sociedade. Não era mais identificada apenas por seu problema.

Agora ela era filha do Rei!

O mesmo se aplica a você, embora eu entenda que, às vezes, possa ser difícil crer nisso. Você é filha do Rei, adotada em sua família não por ser especial ou porque ele precisa de você, mas simplesmente porque ele a quer ao lado dele — com problemas e tudo mais.

Minha irmã, você e eu sabemos que há um "problema" que a puxa para baixo. Está aqui há tempos. E a tem arrastado para baixo há muitos anos. Não sei o que é, mas você sabe. Não sei o que o causou, mas você sabe. Não sei tudo que você já fez na tentativa de se livrar do problema ou removê-lo de alguma forma, mas você sabe.

Nada funcionou. Quando você teve coragem para conversar sobre a situação com alguém da sua confiança, ouviu sugestões, mas nenhuma solução. Quando tentou apresentar a questão a profissionais, eles receberam o seu pedido, mas não proporcionaram nenhum alívio. Você leu livros para tentar resolver as coisas. Assistiu a programas de autoajuda de todos os tipos. Escutou sermões e as sugestões do seu cônjuge. Mas continua na mesma. Ainda carrega o fardo.

Você está desesperada por respostas.

Quero que saiba que eu já estive na sua situação. Já sofri de maneira bem semelhante ao que você tem enfrentado e já caminhei ao lado das mulheres que amo em meio ao sofrimento delas também. Posso lhe dizer o que aprendi em meio à minha jornada e à delas? Não pare! Não desista.

Continue a seguir em frente. Continue a orar.

Não importa o quanto as suas circunstâncias pareçam desesperadoras agora, há alívio no seu futuro. Há esperança no seu futuro. Há cura. Portanto, não pare. Continue a orar!

Assim como a mulher com o fluxo de sangue, não pare de buscar até conseguir se agarrar a Deus. Não pare de estender a mão até tocar o seu Salvador — ele espera por você! Ele hesita naquela multidão, diminuindo o ritmo bem à sua frente. Não pare de orar até ouvir a voz de Deus, pois você sabe o que ele dirá quando olhar para baixo e enxergar as lágrimas que correm pela sua face? "Filha, a sua fé a curou!".

É isso o que acontece quando as mulheres oram: elas obtêm vitória sobre os problemas da vida.

CAPÍTULO 5

Noemi

Quando as mulheres oram,
maldições se transformam em bênçãos.

Noemi reconheceu a curva à frente da estrada. Fazia muitos anos desde que a vira pela última vez, mas ainda se lembrava. Mesmo se fechasse os olhos, provavelmente saberia identificar aquela curva específica pela maneira que seus passos ecoavam em meio às pedras e aos desfiladeiros.

"Exatamente como quando eu era garotinha!", pensou. "Não dá para esquecer!".

Ela estava quase chegando em casa.

— É bom vê-la sorrir, mãe! Estamos chegando?

A voz da jovem deu um susto em Noemi, que estava absorta em seus pensamentos.

— Sim, filha — respondeu. Então se corrigiu — Sim, Rute. Depois que fizermos aquela curva ali na frente, você verá Belém.

Noemi observou, em tom de aprovação, que a voz de Rute continuava forte, apesar da viagem de um dia inteiro subindo as encostas íngremes do caminho montanhoso. Ela respirava com facilidade, à medida que dava passos leves e confiantes. "Ela ainda é jovem", Noemi pensou. "Mas talvez eu estivesse errada a seu respeito. Quem sabe ela encontre mesmo vida nova aqui!".

As duas voltaram a ficar em silêncio ao se aproximar da curva. "Rute ainda pode encontrar vida nova", Noemi refletiu, "mas era exatamente isso que eu estava buscando quando saí deste lugar, e veja o que me aconteceu. Não encontrei nada em Moabe além de morte!".

Sobressaltada, Noemi percebeu que não era muito mais velha do que Rute quando sua jovem família deixara Belém. Havia fome em Israel e estava começando a faltar comida. Fora ideia de Elimeleque ir morar em Moabe por um tempo. "As crianças precisam comer", ele dissera. "Enriqueceremos à custa dos pagãos por alguns anos e voltaremos para casa, com ovelhas e cabras nos acompanhando e anéis nos dedos. Será exatamente como na ocasião em que o nosso povo partiu com as riquezas dos egípcios nos tempos de Moisés!".

Noemi meneou a cabeça. "Ele sempre tinha promessas nos lábios!". Não importava a dificuldade da jornada, não importava a dureza do trabalho, Elimeleque sempre tinha um plano. Sempre era rápido em fazer promessas.

Suas promessas morreram junto com ele em Moabe. Foi então que todos os planos caíram nas mãos de Noemi.

"Não tem cabra nenhuma me acompanhando, Elimeleque", ela sussurrou enquanto faziam a curva. "Não tem anel nenhum nos meus dedos, marido meu. Até você e os nossos filhos se foram!".

Rute olhou por um instante, mas não disse nada. Já havia se acostumado com os balbucios da sogra.

O sorriso não voltou aos lábios de Noemi quando a estrada se aplainou, e Belém se descortinou diante de seus olhos. Dava para ver a fumaça que subia dos fogões enquanto as mulheres preparavam o jantar. Lampejos aqui e ali de luzes a tremular já se acendiam para afastar a escuridão da noite, prestes a chegar.

Ela estava em casa.

"O que os outros vão dizer?", pensou. "O que dirão quando virem o que me tornei?".

Sob maldição

Todos nós entendemos que as circunstâncias difíceis fazem parte da vida. Todos sabemos que provas e tragédias nos acometem em algum momento, e nós até as esperamos. Nós as prevemos. Fazemos o melhor que podemos, a fim de estarmos preparados para esses momentos quando vierem.

Às vezes, porém, a profundidade e a amplitude dessas circunstâncias vão muito além das nossas expectativas. Às vezes, aquilo que consideramos um momento difícil pode durar uma temporada. Não só uma dificuldade, mas um período de dificuldades. Não uma única prova ou tragédia, mas uma série de provas e tragédias.

Essas temporadas acontecem quando sofrimento e dor parecem se empilhar, um em cima do outro. Multiplicam-se. Acumulam-se um sobre o outro. Primeiro o seu marido se fere em um acidente. Isso é péssimo. Ele não consegue trabalhar por estar acidentado, e o dinheiro começa a apertar — ou até mesmo acaba, e você começa aquele mergulho assustador nas dívidas. Isso é pior. Então os seus filhos começam a ficar inquietos e mal-humorados. Param de ir para casa depois da aula, porque não gostam de ver o pai sentado no sofá sem fazer nada, e estão cansados da tensão constante. Talvez o seu filho comece a andar com a turma errada. Isso é pior ainda. Por fim, você recebe uma batida na porta depois da meia-noite. A polícia veio dizer que ocorreu uma briga. Havia uma arma envolvida. E o seu filho não voltará para casa.

Isso é o pior de tudo!

Nesses períodos em que tudo que parece *poder* dar errado realmente dá errado, é fácil acreditar que a vida nunca mais será a mesma. É fácil crer que Deus se esqueceu de você. É fácil acreditar que você está sob uma maldição e jamais se recuperará.

Era nisso que Noemi acreditava. Essa era sua experiência.

Assim como muitas mulheres ao redor do mundo hoje, Noemi era refugiada. Ela e a família deixaram seu lar para fugir da fome e se estabeleceram em uma terra estrangeira chamada Moabe. Estavam em busca de uma nova vida. Infelizmente, não a encontraram.

Primeiro, o esposo de Noemi morreu. Então, em uma decisão que foi como um golpe para Noemi, uma mãe judia, seus dois filhos se casaram com mulheres moabitas, em desobediência direta à lei mosaica. Por fim, veio o golpe mais cruel, quando os dois filhos de Noemi perderam a vida. Ela se viu em um lugar ao qual não pertencia, com noras que não havia desejado.

Tudo isso aconteceu em um período de dez anos. Uma temporada de sofrimento.

Quando analisamos a história de Noemi como um todo, é possível traçar um paralelo interessante com outro personagem do Antigo Testamento chamado Jó. Caso você não se lembre da história, Jó era um homem justo e um dos mais ricos e prósperos de sua região. Ele tinha muito dinheiro. Precisava contratar pastores e servos para cuidar de seus grandes rebanhos. Tinha muitos filhos e filhas com quem partilhar suas bênçãos.

Até que, certo dia, o mundo de Jó desabou. Seus animais foram roubados. Seus servos e trabalhadores foram assassinados por invasores. Seus filhos e suas filhas morreram em um desastre natural. Depois, o próprio Jó foi atingido por chagas dolorosas espalhadas pelo corpo inteiro.

Jó foi da cobertura para a sarjeta em menos de 24 horas e essa experiência arrasou seu espírito. Ele também sentiu que estava debaixo de uma maldição. Disse: "Pereça o dia do meu nascimento e a noite em que se disse: 'Nasceu um menino!' Transforme-se aquele dia em trevas" (Jó 3.3-4a). Posteriormente, acrescentou: "O que eu temia veio sobre mim; o que eu receava me aconteceu. Não tenho paz, nem tranquilidade, nem descanso; somente inquietação" (v. 25-26).

Talvez você saiba, por experiência própria, como Jó se sentia naquele momento. "O que eu temia veio sobre mim". Você já passou por isso, não é verdade? Talvez essa seja a sua situação agora mesmo. A armadilha que você temia há tanto tempo finalmente a pegou e, como Noemi, você sente que nada lhe restou.

Winston Churchill disse: "Se você está passando por um inferno, siga adiante". É um bom conselho, mas eu mudaria um pouquinho para: "Se você está passando por um inferno, siga orando". Pois é a oração que a fará superar esse momento.

Se você está passando por um período de sofrimento na vida, também sugiro que continue a ler. Pois é crucial que você entenda *por que* está enfrentando isso agora. E é fundamental que você aprenda como a oração pode ajudá-la a sobreviver, até esse período acabar.

O ataque do Inimigo

O que me leva a incluir a história de Jó em conexão com a de Noemi é que o livro de Jó abre as cortinas do Céu para revelar a fonte das nossas temporadas de sofrimento.

Sim, há uma fonte para o nosso sofrimento. Você acha que a sua dor é aleatória? Comprou a mensagem divulgada por este mundo de que às vezes "as coisas acontecem" sem motivo algum? Já deu crédito à alegação de que toda calamidade, crise e situação difícil neste mundo se reduz a nada mais que mero acaso?

Nada disso! Há uma fonte por trás das nossas temporadas de sofrimento, e o nome dela é Satanás. O Diabo. O nosso Inimigo.

Por ser líder da igreja, sempre espero ataques do Inimigo. Não posso dizer que estou acostumado, já que cada ataque é novo e carrega consigo um elemento único de dor. Mas já espero esse tipo de ataque contra mim. O que mais odeio, porém, é quando Satanás dirige seus ataques não diretamente a mim, mas contra aqueles a quem amo.

Lembro-me de quando a nossa família se mudou para Dallas. A minha esposa e eu tínhamos 38 e 39 anos, e era nossa primeira vez morando em uma cidade grande. Era assustador o simples fato de ter que dirigir de um lugar a outro naquela nova cidade cheia de rodovias largas, viadutos, pedágios e tudo mais!

Mais do que isso, Serita e eu estávamos nos esforçando ao máximo para aprender a melhor maneira de liderar uma nova igreja. A nossa igreja era ativa e estava em processo de crescimento, o que era uma bênção maravilhosa. Mas havia também uma responsabilidade enorme. Tínhamos de contratar vários novos funcionários, o que significava cumprir tarefas relacionais complexas com membros da equipe que eram estranhos para nós. Tínhamos de ordenar diáconos que, em retrospectiva, não estavam nem de perto prontos para serem diáconos.

Posso dizer, com toda confiança, que só conseguimos passar por esse período graças à ajuda da minha sogra. Eu achava que estava ocupado naquela época, mas, ao olhar para trás, vejo quanto Serita era arrastada em centenas de direções. Ela estava cuidando dos filhos, tinha uma igreja em crescimento, um novo lar, um marido amoroso, um itinerário exigente de viagens e um novo holofote, maior do que qualquer outro com o qual precisara lidar até então. E só conseguiu lidar com tudo isso e muito mais por causa de sua mãe, que morava conosco na época.

A mãe de Serita era a nossa salva-vidas em muitos aspectos. Ela ajudava com as crianças. Era uma confidente para nós dois. Era amiga nos bons e nos maus momentos. Foi ela quem tornou possível que Serita e eu fizéssemos o impossível.

Infelizmente, ela também estava doente. E nós não fazíamos ideia do que estava à nossa frente.

A minha esposa e eu estávamos em Filadélfia quando recebemos a ligação. Passados todos esses anos, não faço ideia do que fazíamos ali — provavelmente algum tipo de evento ou congresso. Mas, lembro-me com toda clareza do terror nos olhos de Serita, enquanto ouvia as notícias daquele telefonema. Sua mãe precisara ser levada às pressas para o hospital. Estava se mantendo viva por aparelhos, e os médicos diziam que havia pouca chance de recuperação.

Pegamos o primeiro voo de volta, é claro. Acampamos no hospital para vê-la e estar ao seu lado naqueles momentos finais. Sei, porém, sem sombra de dúvida, que, quando desligaram a ventilação artificial que respirava em lugar de sua mãe, algo em Serita foi desligado também. Uma parte da vida e da energia, que eu sempre percebia e amava na minha esposa, tornou-se vacilante, e não posso afirmar com certeza que tenha ressuscitado.

Foi um período terrível em muitos aspectos, e tive a certeza de que estávamos sendo atacados. A minha família inteira sofreu o ataque. E o nosso único recurso era orar.

Quando lemos a história de Jó, vemos Deus o destacando como exemplo de retidão — um homem rico e abençoado, mas que, mesmo assim, permaneceu humilde, trabalhador e bondoso. Satanás respondeu a Deus com a seguinte pergunta: "Acaso não puseste uma cerca em volta dele, da família dele e de tudo o que ele possui? Tu mesmo tens abençoado tudo o que ele faz, de modo que os seus rebanhos estão espalhados por toda a terra. Mas estende a tua mão e fere tudo o que ele tem, e com certeza ele te amaldiçoará na tua face" (1.10-11).

O resultado para Jó foi devastador, conforme vimos. No entanto, a despeito de todas as perdas, Jó se recusou a proferir uma palavra contra Deus.

Satanás reforçou o ataque dizendo: "Pele por pele! [...] Um homem dará tudo o que tem por sua vida. Estende a tua mão e fere a sua carne e os seus ossos, e com certeza ele te amaldiçoará na tua face" (2.4-5).

O livro de Rute não abre as cortinas da mesma maneira que Jó. Não lemos sobre as manobras de Satanás nos bastidores do sofrimento de Noemi. Mas não se engane: ele estava ali. Ele celebrava a morte do esposo dela. Estava presente quando seus filhos perderam a vida, e sorriu diante da dor de Noemi. Olhou com aprovação quando ela começou a longa jornada de volta para Israel, encurvada e arrasada, ao longo da estrada poeirenta.

Satanás e suas hostes estão presentes na sua vida também. Se você tem alguma conexão com Deus, então o Diabo é o seu inimigo. E é implacável em desejar a sua destruição. Uso essa palavra de maneira intencional. Ele não está de brincadeira. Não quer incomodá-la. Não se preocupa em perturbá-la.

O que ele deseja é destruir você!

Há uma boa e uma má notícia referente à influência de Satanás em nossa vida. A má notícia é que ele é mais forte que você. Mais forte que eu. Mais forte que qualquer um de nós.

A Bíblia diz o seguinte acerca de Satanás: "Estejam alertas e vigiem. O Diabo, o inimigo de vocês, anda ao redor como leão, rugindo e procurando a quem possa devorar" (1Pedro 5.8). O desdobramento dessa afirmação é que Satanás é capaz de nos devorar. Ele foi originalmente criado como um anjo poderoso — o primeiro e o melhor de sua espécie. Existe há milhares de anos, milênio após milênio, ou seja, é também mais inteligente que nós. É mortalmente perigoso em todos os aspectos.

Um princípio importante: ao enfrentar um inimigo mais forte e inteligente do que você, a sua única esperança é orar.

Por que orar? Porque Satanás não é mais forte do que Deus. Aliás, Satanás permanece diretamente sob a autoridade de Deus. Quando quis atacar Jó, o Inimigo precisou pedir permissão a Deus e foi obrigado a permanecer debaixo dos limites que Deus estabeleceu. O mesmo aconteceu quando Satanás fez seus ataques contra Noemi, e o mesmo se dá quando ele faz ataques contra você e contra mim.

E aqui está a boa notícia: você e eu temos a oportunidade de entrar em comunicação direta com aquele que já derrotou o nosso Inimigo.

Há poder na oração.

Infelizmente, as Escrituras dão a entender que Noemi suportou longos anos em sua temporada de sofrimento sem acessar esse poder.

A raiz da amargura

Você se lembra da última vez que provou algo amargo? Não gosto muito da experiência, mas com frequência sinto o gosto amargo da couve, da couve-de-bruxelas ou de alguma outra verdura verde-escura. Posso estar mastigando uma salada ou qualquer outro prato, quando, de repente, mordo uma folha que muda o paladar de tudo.

Na minha experiência, o amargo é um sabor que raramente apreciamos na refeição — e nunca apreciamos na nossa vida!

Ao analisar mais de perto a história de Noemi, porém, vemos que ela estava intimamente familiarizada com sentimentos de amargura. Quando suas noras exprimiram o desejo de acompanhá-la de volta a Israel, ela explicou, em riqueza de detalhes, todos os motivos pelos quais era melhor permanecer em Moabe. "Por que viriam comigo?", indagou (cf. Rute 1.11). Ela se descreveu como uma mulher que jamais desfrutaria novamente a alegria de ter um marido e nunca veria os filhos envelhecerem.

"[...] Para mim é mais amargo do que para vocês", disse-lhes, "pois a mão do SENHOR voltou-se contra mim!" (v. 13).

Não é tentador se comparar aos outros quando os momentos são difíceis? Em vez de nos prostrar em oração, subimos no alto do cavalo e olhamos para todos ao nosso redor. Dizemos a nós mesmos: "Ninguém está tão mal quanto eu! Todos os meus amigos têm sombra e água fresca em comparação com o que estou passando".

Há um prazer perverso em se colocar acima dos outros, mesmo quando o critério de comparação é o sofrimento. Mas tal comparação é contraproducente. Serve apenas para pressionar-nos ainda mais no fundo do poço.

Mais tarde, quando Noemi e Rute chegaram a Belém, aqueles que a conheciam no passado ficaram chocados ao ver como ela estava acabada no presente. As mulheres da cidade exclamaram: "Será que é Noemi?" (cf. v. 19).

Em primeiro lugar, é uma pergunta brutal de se ouvir na própria cidade natal. Quando a vida não sai conforme o planejado, é fácil deixar a vergonha criar raízes no coração. Não queremos que as pessoas conheçam os nossos passos em falso e os nossos fracassos — sobretudo aqueles que se lembram de nós na flor da idade.

É por isso que tantas vezes evitamos reuniões com pessoas do passado. "Não posso deixar que me vejam agora! Eu era tão promissora e demonstrava tanto potencial!". É por isso também que tentamos publicar sempre a nossa melhor versão nas redes sociais. Só publicamos fotos que nos captam no melhor ângulo. Só tornamos públicos os momentos dos quais podemos nos gabar um pouco. Tudo mais fica escondido. Trancado bem longe.

Em segundo lugar, a resposta de Noemi às mulheres de sua cidade natal é de cortar o coração:

> Mas ela respondeu:
> "Não me chamem Noemi,
> melhor que me chamem de Mara,
> pois o Todo-poderoso
> tornou minha vida muito amarga!
> De mãos cheias eu parti,
> mas de mãos vazias o SENHOR me trouxe de volta.
> Por que me chamam Noemi?
> O SENHOR colocou-se contra mim!
> O Todo-poderoso me trouxe desgraça! (v. 20-21)

O nome *Mara* significa "amarga". Essas são as palavras de uma mulher que havia permitido que a amargura consumisse sua identidade. São as palavras de uma mulher que havia permitido que a amargura consumisse seu coração. E são as palavras de uma mulher que havia perdido toda a percepção do próprio valor como filha de Deus.

O autor de Hebreus advertiu contra o poder destruidor da amargura, ao escrever: "Tomem cuidado para que ninguém se afaste da graça de Deus e para que nenhuma raiz de amargura, ao brotar, cause perturbação e contamine muitos" (Hebreus 12.15).

A amargura é como uma raiz no sentido de ganhar profundidade, alcançando lugares que não conseguimos ver ou acessar com facilidade. A amargura consegue sugar a nossa mágoa, o nosso arrependimento e a nossa tristeza — todos os sentimentos destrutivos nos quais nadamos durante as temporadas de sofrimento — e então derramá-los diretamente no nosso coração. Ela nos muda, fazendo murchar a mente e o coração de dentro para fora.

É a amargura que a leva a se sentir irritada ou até mesmo brava com a boa condição das pessoas ao seu redor. Quando você está para baixo, às vezes, é mais fácil desejar que todos os outros também estejam afundados na lama com você, em vez de fazer o esforço de orar e pedir que Deus a exalte. Que a limpe de novo. Que lhe traga cura.

É a amargura que leva você ao álcool, às drogas, à comida, à pornografia ou a qualquer outra coisa como mecanismo de compensação durante a temporada de sofrimento. Quando você é consumida pela amargura, desenvolve o desejo de consumir qualquer coisa que tire o gosto ruim da sua boca — qualquer coisa que enxague o amargo do coração.

É a amargura que leva você a culpar os outros pela dor que tem sofrido — e, sobretudo, culpar Deus. Noemi disse: "O SENHOR colocou-se contra mim! O Todo-poderoso me trouxe desgraça". É fácil usar Deus como saco de pancadas quando a vida está difícil, mas também é uma atitude contraprodutiva. Não resolve nada!

Em vez disso, quando nos encontramos no meio do sofrimento, precisamos cair de joelhos perante o trono de Deus e exclamar: "Senhor Jesus, tem misericórdia de mim, pecador!".

Noemi permitiu que a amargura criasse raízes dentro dela e isso quase a fez sucumbir.

Quase.

Da maldição à bênção

Se você ler somente o primeiro capítulo de Rute, parecerá uma história deprimente. Um relato desanimador de uma mulher idosa tão derrotada pela vida que literalmente chega ao fim da estrada e desiste.

Felizmente, há mais três capítulos na história de Noemi — e de Rute!

Se você está passando por uma temporada de sofrimento agora mesmo, precisa se lembrar de que há mais capítulos na sua vida também. Ainda há mais páginas na sua história! Ainda há mais vida na sua vida! Por isso, não desista. Não se permita ser consumida pela amargura nem ficar repleta de arrependimento. Há mais por vir para você.

Mencionei antes que Noemi provavelmente não se agradou quando seu filho escolheu Rute como esposa. Isso não estava relacionado a Rute como pessoa; em vez disso, baseava-se em sua identidade como moabita. Os homens judeus deveriam se casar com mulheres judias. Fora isso o que o próprio Deus havia ordenado quando entregou a Lei a Moisés. Portanto, a presença de Rute provavelmente era um motivo de discórdia na casa de Noemi.

É irônico, então, que Rute tenha sido a única a permanecer ao lado de Noemi durante esse período de sofrimento. Não importava aonde Noemi ia, Rute estava ali. Não importava quanto Noemi reclamava, Rute estava ali. E não importava quanto Noemi esbravejasse ou desejasse uma situação melhor, Rute estava ali para ajudá-la a superar.

Mais do que isso, há uma ironia dupla nessa história, já que Rute acabou se tornando a centelha de salvação para Noemi.

Na comunidade israelita, os laços de sangue eram tudo. Eram cruciais não só para construir o nome da família, mas também para a herança da propriedade de geração em geração. Logo, o fato de os filhos de Noemi estarem mortos significava que o nome e os direitos de propriedade do esposo dela seriam transferidos para outro. Era o fim da linhagem de sua família.

A única esperança era uma regra obscura da lei judaica que permitia a intervenção de um "parente resgatador". Era um homem da família estendida que poderia receber a opção de ajudar os familiares que passavam por grande necessidade — inclusive a necessidade de estender a linhagem familiar, por meio da geração de um novo herdeiro.

Em essência, o parente resgatador poderia entrar em cena como marido substituto.

O problema da situação de Noemi era ela própria. Noemi já era mais velha e provavelmente havia passado da idade de conceber um filho. Além disso, sua idade tornava mais difícil convencer um parente resgatador da família de desfrutar os privilégios de sua posição — se é que você me entende.

Já com Rute era bem diferente.

Orientada por Noemi, Rute atraiu a atenção do parente resgatador da família de Noemi — um homem chamado Boaz. Os dois se uniram em matrimônio e tiveram um filho. Isso significava que a linhagem da família de Noemi continuaria. Ela não seria destituída. Não ficaria abandonada. Não seria esquecida (ou pior, depreciada) por aqueles que chegaram depois dela na comunidade.

Em vez disso, foi abençoada.

Aliás, ouça o que as vizinhas de Noemi disseram a seu respeito depois que a criança nasceu:

> As mulheres disseram a Noemi: "Louvado seja o Senhor, que hoje não a deixou sem resgatador! Que o seu nome seja celebrado em Israel! O menino dará a você nova vida e a sustentará na velhice, pois é filho da sua nora, que a ama e que é melhor do que sete filhos para você" (Rute 4.14-15).

O povo de Belém louvou ao Senhor por causa do nascimento de um bebê. Parece familiar?

Como no caso de Sara, nenhuma das orações de Noemi está registrada nas Escrituras. Mas Deus compreendeu os sussurros secretos de seu coração. Como você, Noemi ansiava terminar sua temporada de sofrimento.

Ansiava por renunciar à vergonha e à amargura que haviam coagulado em seu coração. Desejava uma vida de relevância e propósito.

Sabe qual é a melhor parte da história de Noemi? Aqui está: "As mulheres da vizinhança celebraram o seu nome e disseram: 'Noemi tem um filho!", e lhe deram o nome de Obede. Este foi o pai de Jessé, pai de Davi'" (v. 17).

Rute foi avó do rei Davi. Isso significa que Noemi foi sua bisavó. É até possível que ela o tenha segurado nos braços — pressionado a bochechinha dele em seu rosto. Isso também quer dizer que Noemi é legalmente parte da linhagem de Cristo. Não somente ela foi abençoada com a restauração de sua linhagem familiar, como também todos os povos da Terra foram abençoados por meio dela.

É por isso que você não deve deixar que a amargura e a tristeza a soterrem em meio às temporadas de sofrimento. Você nunca sabe o que Deus tem planejado para o seu futuro. Pode haver reis vivendo dentro de você! Você pode ser o instrumento que Deus está aperfeiçoando e moldando para ser usado da maneira certa, a fim de produzir uma bênção diferente de tudo que a sua cidade ou comunidade já viu.

Vou dizer mais uma vez: se você está passando por um inferno, siga adiante. E siga orando. Pois, quando as mulheres oram, maldições se transformam em bênçãos.

CAPÍTULO 6

A mulher samaritana

Quando as mulheres oram, saciam a sede.

Era o calor que ela mais detestava.

Sim, o cântaro era pesado, sobretudo depois que estava cheio de água. Mas ela estava se sentindo mais forte. Começava a se incomodar cada vez menos com o peso. Um pouco menos, de todo modo. E, sim, a jornada era longa. Após três ou quatro viagens, ela andava mancando o resto do dia por causa da dor nos pés, mas conseguia administrar. Era um pequeno preço a pagar.

Mas o calor era diferente. A força do Sol a pressionando — a cozinhando — era um fardo pesado. Mais pesado que a água. A intensidade da luz machucava seus olhos em uma direção e queimava ombros e pescoço na outra. Somando tudo, a experiência inteira começava a parecer insuportável.

"Não!", pensou ela. "Não é insuportável, porque sei que terei de continuar suportando".

As outras mulheres tiravam água juntas no frescor da manhã. Conversavam enquanto caminhavam, trocando comentários gentis umas com as outras e contando as últimas fofocas enquanto o Sol apenas começava a aparecer por trás das montanhas. Elas trabalhavam juntas para erguer os cântaros pesados no fundo do poço, pingando e gotejando enquanto puxavam a corda, de maneira que ninguém se sobrecarregava com o peso.

No passado, ela costumava acompanhar as outras mulheres, porém não o fazia mais. Cansou-se dos olhares atravessados que lançavam umas às outras sempre que mencionavam o próprio marido. A cada comentário ferino — tanta doçura e aspereza de tantas línguas — sua fúria crescera, ameaçando transbordar como um dos cântaros.

— Vi o seu segundo marido no mercado ontem. Ou será que foi o terceiro?

— Sei que Raquel queria convidá-la para o casamento, querida, mas achou que você poderia se sentir desconfortável.

Aquilo havia se tornado insuportável. Verdadeiramente insuportável!

Ela apreciava a tranquilidade do meio-dia. Não havia outras mulheres. É verdade que não havia ninguém para ajudá-la, mas tampouco aparecia alguém para confrontá-la. Ninguém estendia repreensão e rejeição sob a pretensão de gentileza.

Ainda assim, que calor maldito!

Há centenas de metros do poço, ela parou. Alguém estava lá assentado. Descansando. Esperando? "Será que não me darão paz?", pensou. "Será que deixaram alguém para me atacar até agora, no calor do dia?".

Não era nada disso. Ao se aproximar, percebeu que a pessoa assentada era grande demais para ser mulher. Larga demais. Forte demais. Era um homem.

"Mas por que tem um homem bem aqui?", pensou. "E por que agora?".

"O que é que ele pode estar querendo?".

Esconderijo

No quarto capítulo do Evangelho de João, encontramos outra personagem da Bíblia que é, ao mesmo tempo, anônima e famosa. Talvez você já tenha ouvido falar dela como a "mulher samaritana" ou a "mulher junto ao poço".

Ao contrário da mulher com fluxo de sangue, essa não buscou Jesus. Ela não estava à procura dele. Na verdade, ela não estava à procura de ninguém — pelo contrário! Estava tentando se esconder. Estava na surdina. Esquivando-se. Fazendo seu melhor para permanecer anônima e invisível.

Felizmente, para ela, Jesus não estava nem aí para isso. Ele fora ali especificamente, a fim de encontrá-la e sustentá-la de maneiras que ela ainda nem conseguia entender.

Assim como ele faz comigo e com você.

Sabemos que essa mulher estava se escondendo porque o texto afirma que, quando Jesus se sentou junto ao poço de Jacó para descansar, era “por volta do meio-dia”. Caso você não tenha ido a nenhum deserto nos últimos tempos, posso lhe afirmar com toda certeza: esquenta bastante. Especialmente “por volta do meio-dia”. Sobretudo no Oriente Médio. O Sol é implacável. Não dá para escapar, nem fugir de seu calor.

No entanto, era esse o horário em que a mulher chegou ao poço para tirar água. E, só para garantir que estamos na mesma sintonia, não se esqueça de que a mulher havia carregado o cântaro pesado de sua casa até o lugar onde havia água disponível, passando por um caminho poeirento e marcado por pegadas. Então amarrou a corda em volta do cântaro e o abaixou pelo poço, até mergulhar na água. Quando a jarra encheu, ela começou a difícil tarefa de puxar a corda e fazer o cântaro, agora ainda mais pesado, subir até a superfície. Esforçando-se para derramar o mínimo possível de água, ajeitou o cântaro no ombro, ou talvez no topo da cabeça, e começou a jornada de volta à cidade.

Se esse parece um jeito difícil de conseguir água, lembre-se do seguinte: aquela mulher precisava de água não só para si, para o homem com quem vivia e para os filhos da família, mas também para os animais. Todos os rebanhos que a família administrava precisavam ser alimentados e receber água. Diariamente.

Essa é a grande questão: uma jarra não atendia todas as necessidades. Aquela mulher fazia diversos trajetos, indo e voltando, indo e voltando, indo e voltando. O tempo inteiro carregando o pesado cântaro. O tempo inteiro suando debaixo do vestido e do pano da cabeça, debaixo da intensidade do Sol de Israel. Ela fazia isso dia após dia, semana após semana, mês após mês.

O que estou dizendo é que essa mulher suportava intencionalmente grandes dificuldades e frustrações com um propósito específico: esconder-se de sua comunidade. Ela não queria a companhia das outras mulheres que buscavam água no frescor da manhã. Preferia o isolamento. Queria ficar sozinha. Voluntariamente, escolhia trilhar um caminho mais difícil no presente, a fim de se esconder do passado.

Fazemos o mesmo hoje. Fazemos o mesmo esforço para esconder as partes de nós ou os momentos do nosso passado que consideramos inapropriados ao escrutínio público.

Nós nos escondemos dentro do carro indo e voltando sozinhos do trabalho. Nós nos escondemos por trás das portas do escritório ou sob fones de ouvido. Nós nos escondemos por trás da banalidade de conversas amigáveis e superficiais. “Como vai?”, “Tudo bem! Aproveitando esse clima lindo”. Nós nos escondemos por trás da aura de realizações e competência que colocamos o tempo inteiro na frente do rosto, como se fosse um escudo. Nós nos escondemos por trás da maquiagem e da tintura no cabelo. Nós nos escondemos atrás de portas de garagem e calendários sociais.

Muitos de nós somos especialistas em nos esconder mesmo em plena visão. As pessoas nos veem, conversam conosco, sabem para qual time torcemos e quais são os nossos *hobbies*. Mas não fazem a menor ideia de quem somos por trás dos panos. Não têm noção do que nos move nem de como as nossas experiências passadas nos formaram e nos moldaram.

Em outras palavras, elas não conhecem quem somos de verdade lá no íntimo. E fazemos o que estiver ao nosso alcance para que as coisas continuem exatamente assim!

Escondendo-se de Deus

Note que a mulher samaritana também tentou se esconder de Jesus. Primeiro, ela tentou se esconder por trás de um verniz de hostilidade. Quando Jesus pediu um pouco de água, ela respondeu com acidez: "[...] Como o senhor, sendo judeu, pede a mim, uma samaritana, água para beber?" (João 4.9).

Às vezes, as pessoas que mais foram feridas são as mais difíceis de ajudar. Já reparou nisso? Quando você se aproxima e estende a mão, eles a afastam com um tapa, cheias de atitude. Eriçam o pelo como um gato, rosnando, prontas para arranhar.

Posso lhe dizer, por experiência própria, que ninguém luta com maior intensidade do que quem está se afogando. Por isso, é melhor se preparar se você planeja uma tentativa de resgate. Mesmo quando as suas intenções são boas, o desespero da pessoa pode ser tão grande que ela ataca de volta, sem nem pensar. Você pode morrer tentando ajudar alguém ferido, e foi essa a dinâmica que Jesus encontrou junto ao poço de Jacó.

Nós, leitores modernos, temos o benefício da história inteira à nossa disposição. Sabemos que Jesus buscou intencionalmente uma interação específica com essa mulher específica. O texto conta que era "necessário" para Jesus "passar por Samaria" (cf. v. 4). Trata-se de uma tradução com potencial de causar confusão, pois não havia razão física ou geográfica para Jesus viajar passando por Samaria. Aliás, judeus e samaritanos eram inimigos culturais. Não gostavam uns dos outros e preferiam se evitar. Por essa razão, os judeus raramente viajavam passando por Samaria.

Jesus, porém, *escolheu* essa rota específica. Ele escolheu adentrar o território inimigo, especificamente porque estava em missão de dialogar e estabelecer uma conexão com essa mulher. Estava em uma missão de salvá-la do afogamento.

Além disso, Jesus mandou os discípulos para longe, a fim de preparar o terreno para aquela conversa. O texto explica que Jesus estava só porque "os seus discípulos tinham ido à cidade comprar comida" (v. 8). Lembre-se de que havia doze discípulos nessa época, e posso lhe dizer, por experiência própria, que não é preciso mandar doze pessoas para buscar o almoço! Basta uma. Duas no máximo. "Pedro, você pode por favor comprar almoço para fazermos uma agradável refeição aqui perto desse poço? Leve João, se precisar de ajuda para trazer as coisas".

Por que Jesus mandou todos os discípulos embora? Porque não os queria atrapalhando. Eram os mesmos tolos que haviam afastado o cego Bartimeu quando ele tentou se aproximar de Jesus. Os mesmos homens que enxotaram as crianças para longe do Senhor. Os mesmos homens que posteriormente tentariam mandar descer do céu fogo e enxofre sobre um grupo de samaritanos, quando estes rejeitaram os ensinos de Jesus.

O que estou dizendo é que Jesus fez um grande esforço a fim de preparar o terreno para uma conversa significativa entre ele e a mulher. E, em vez de reconhecer esse esforço — em vez de reconhecer a oportunidade —, a mulher junto ao poço tentou afastar Jesus, porque ele era diferente.

Quantas vezes nos escondemos por trás das nossas diferenças, como forma de ignorar os outros? Como maneira de nos recusar a conhecer o outro? "Eu é que não vou me aproximar daquela pessoa! Não temos nada em comum. Temos histórias de vida completamente diferentes. Vivemos em comunidades diferentes. Fomos criados em culturas diferentes, por pais de cores diferentes. Não temos a mesma aparência, não falamos igual, não pensamos igual, nem votamos igual. Logo, não há razão para fazer algum esforço de conexão".

Isso não passa de um verniz. De uma tela. De uma maneira de nos esconder por trás das nossas diferenças, para não sermos confrontados com preconceitos pessoais. Com a nossa própria imaturidade.

Após avançar no assunto, a mulher samaritana tentou se esconder de Jesus, distraindo-o com teologia. Quando Jesus mencionou um fato do passado da mulher que não era da conta dele — a saber, que ela tivera cinco maridos no passado e agora vivia com um homem que não era seu esposo —, de repente ela se tornou uma especialista em Bíblia.

"Senhor", disse a mulher, "vejo que é profeta. Os nossos antepassados adoraram neste monte, mas vocês, judeus, dizem que Jerusalém é o lugar onde se deve adorar" (v. 19-20).

Ela estava se referindo a uma antiga disputa entre judeus e samaritanos. Cerca de novecentos anos antes da época de Jesus, Salomão construiu o templo original em Jerusalém, também chamado de monte Sião. Centenas de anos depois, os samaritanos — que foram realocados para a nação de Israel e adoravam deuses estranhos — construíram um templo concorrente para adorar a Deus no monte Gerizim. Logo, havia dois sistemas rivais de adoração e dois templos rivais em que a adoração se concentrava.

Em outras palavras, a mulher não queria responder às perguntas de Jesus, por isso tentou se esconder por trás de uma disputa doutrinária.

Ah, como é tolo quando tentamos nos esconder de Deus! Adão e Eva tentaram fazer isso após pecarem pela primeira vez no jardim, mas Deus não se deixa enganar! Davi achava que havia escondido sua rebelião de Deus, quando pecou levando Bate-Seba à força para sua cama e providenciou o assassinato de seu esposo, mas Deus não se deixa enganar! Ele enviou o profeta Natã para expor tudo que Davi fizera. Jonas tentou se esconder de Deus no fundo de um navio, a caminho de Társis, mas Deus o viu e o mandou para dentro da barriga de um grande peixe.

Essa é uma lição que todos nós precisamos aprender: não há como nos esconder de Deus. Não há segredos entre nós e Deus. Não há como distraí-lo para que não veja todas as coisas que preferiríamos manter na surdina quanto ao nosso passado. Não há como confundi-lo para que não conheça todos os pensamentos que nadam no interior da nossa mente e do nosso coração — os pensamentos que tentamos manter escondidos até de nós mesmos.

Deus sabe. Ele sempre sabe. Ele sempre vê.

Portanto, esse é um princípio que espero que você guarde no coração: ao se aproximar de Deus em oração, seja honesta. Seja aberta. Esteja preparada para reconhecer todas as vezes que se rebelou contra ele e focou em si mesma. Porque ele já sabe!

Além disso, ele já preparou tudo para lhe perdoar. Já mapeou uma viagem especial só para conhecê-la e conversar com você. Só para curá-la e salvá-la, se você abrir o seu coração e aceitar o que ele oferece.

Água viva

O elemento que ainda não debatemos em relação a essa mulher samaritana — essa mulher junto ao poço — é aquele que mais define sua história.

Estou falando sobre sua sede.

Após o pedido inicial feito por Jesus, de um gole de água, e da resposta nada simpática da mulher, Cristo disse algo aparentemente descontextualizado: "Se você conhecesse o dom de Deus e quem está pedindo água, você lhe teria pedido e dele receberia água viva" (v. 10).

A mulher ficou confusa — e com razão! Questionou: "O senhor não tem com que tirar água, e o poço é fundo. Onde pode conseguir essa água viva? Acaso o senhor é maior do que o nosso pai Jacó, que nos deu o poço, do qual ele mesmo bebeu, bem como seus filhos e seu gado?" (v. 11-12).

A mulher tinha uma vaga compreensão de que Jesus estava fazendo uma declaração ousada — estava afirmando ser alguém. Por isso, voltou ao passado, a fim de fazer uma comparação. Eles estavam conversando junto ao poço, afinal, por isso usou Jacó como unidade de medida. Um líder. "Por acaso você acha que é maior do que Jacó, cujo trabalho e planejamento tem proporcionado água para a nossa comunidade há centenas de anos?".

O que a mulher não percebia — aliás, o que não tinha condições de perceber nesse início de conversa — é que o próprio Jesus é a fonte de vida. O próprio Jesus é a fonte de esperança, bondade e provisão.

Em outras palavras, ela não entendeu que estava conversando com um Poço sentado junto a um poço.

Jesus lhe disse: "Quem beber desta água terá sede outra vez, mas quem beber da água que eu lhe der nunca mais terá sede. Ao contrário, a água que eu lhe der se tornará nele uma fonte de água a jorrar para a vida eterna" (v. 13-14). Tratava-se de uma oferta inconfundível, de valor extraordinário! Era o próprio Jesus se oferecendo.

Em seguida, veio o âmago da conversa. O momento de virada. A mulher respondeu dizendo: "Senhor, dê-me dessa água, para que eu não tenha mais sede, nem precise voltar aqui para tirar água" (v. 15).

Minha irmã, não posso deixar de lhe dizer que não há expressão mais pura de oração do que o pedido feito pela mulher a Jesus naquele momento! "Senhor, dê-me dessa água".

Essa é a essência da oração!

Afinal, o que é a oração, senão o reconhecimento do nosso vazio e o pedido a Deus de que nos preencha com aquilo de que necessitamos? "Senhor Deus, tenho buscado aceitação há tanto tempo, em tantos lugares! Por favor, aceita-me!"; "Senhor, tenho tentado encontrar amor há mais tempo do que consigo expressar. Por favor, concede-me teu amor"; "Senhor Deus, tenho grande necessidade de alegria, paz, conforto, propósito e bênção. Por favor, dá-me aquilo de que preciso!".

Em suma, a oração está simplesmente dizendo: "Senhor, tenho sede. Por favor, enche-me de ti!".

Note que Jesus expõe a inutilidade dos esforços da mulher de matar a própria sede — ele não estava se referindo aqui à sede física. Não estava falando apenas sobre água e poços. Essa mulher tinha cinco maridos no retrovisor. Vivia agora com um homem com quem nunca se casara, em uma cultura na qual poderia ser legalmente apedrejada até a morte por essa escolha.

Havia, nessa mulher, uma sede por companheirismo. Ela estava sedenta por relacionamento. Tinha sede de ser amada, uma sede que todos nós vivenciamos. Trata-se de uma sede compartilhada por todos. Mas ela vinha tentando saciar essa sede em todos os lugares errados, e de todas as maneiras erradas.

Não se engane: o Diabo sempre tem soluções para a sua sede. O Diabo sempre lhe mostrará formas diferentes de atender as suas necessidades. Mas ele é mentiroso. Quer devorar você. Tem como objetivo a sua destruição.

Este mundo está cheio de soluções para a sua sede. A economia da nossa cultura foi construída em cima da exploração de todo tipo de sede interior, para depois vender falsas promessas, a fim de saciar tais sedes. Não acredite nessas promessas. Nem tudo que reluz é ouro. Só porque algo está piscando na sua direção, não significa que é uma bênção. Só porque algo traz uma sensação agradável, não quer dizer que não lhe fará mal no longo prazo. Só porque algo faz sentido para todos, não significa que é a escolha certa para você.

Jesus queria mostrar àquela mulher um caminho melhor. Ele próprio. A Água Viva.

E Jesus quer mostrar a você um caminho melhor também. Porque ele conhece a sua sede.

Deus sabe que você tem sede de aprovação. Ele sabe que você tem sede de uma carreira que a realize, em vez de deixá-la esgotada. Deus sabe da sua sede por alguém que a ame de uma forma que a faça se sentir viva de novo. Deus conhece a sua sede pelo riso de crianças na sua casa. Deus conhece a sua sede pela educação que você precisou abandonar quando era jovem. Deus sabe da sua sede por apenas um mês — ou, quem sabe, um ano inteiro — em que todas as contas estejam pagas, haja comida na mesa e você não precise se sentir tão apertada, porque há mais do que o suficiente.

Deus conhece a sua sede. Ele é o Poço assentado junto ao poço e é capaz de saciar a sua sede. Ele quer saciar a sua sede! A pergunta é: Você permitirá?

Às vezes, focamos tanto em nós mesmos e acabamos nos recriminando por erros que cometemos no passado. Tentamos nos esconder porque sentimos vergonha das escolhas que fizemos ontem — e talvez de algumas das escolhas que fazemos hoje. Quem sabe você até creia que não merece aquilo que Deus está oferecendo. Você acha que não merece ter a sede saciada, nem ser preenchida com a água viva de Jesus.

Permita-me dizer o seguinte, caso você precise ouvir: pessoas desesperadas fazem coisas desesperadoras. Essa é uma verdade que tenho visto não só como pastor, líder da comunidade, marido e pai — é uma verdade que eu mesmo já vivi. Você não precisa ser má para tomar decisões ruins. Você não precisa ser perversa para fazer coisas perversas. Às vezes, você só está desesperada.

As pessoas sedentas estão desesperadas. Precisamos de água no corpo, caso contrário, morremos. Só é possível viver certo tempo sem água, e isso nos torna desesperados. Da mesma maneira, precisamos da Água Viva dentro da alma. Só podemos viver determinado tempo sem Deus preencher o nosso espírito, até nos sentirmos desesperados. E quando ficamos desesperados, fazemos coisas que prometemos jamais fazer. Buscamos ajuda em lugares aos quais nunca esperávamos ir. Quando ficamos desesperados, abrimos as portas para a corrupção, a rebelião e o pecado, pois parece a única forma de extinguir o foco que queima dentro de nós.

Mas há uma alternativa melhor. Jesus é a Água Viva. Ele é o Pão da Vida. E proverá exatamente aquilo de que você necessita quando o buscar em oração.

"Senhor Jesus, por favor, dá-me tua água para que eu jamais volte a ter sede".

Muitos creem

Ao chegar ao fim deste capítulo, permita-me fazer uma pergunta: Se você fosse chamada a levar as Boas-Novas da salvação ao povo samaritano dos dias de Jesus, o que faria? Se você fosse um judeu chamado a levar o Evangelho a um povo que fora seu inimigo por gerações, qual seria o seu primeiro passo?

Se fosse eu, marcaria uma reunião com os magistrados e líderes da comunidade — as pessoas em posição de autoridade. No mínimo, eu procuraria alguns dos sacerdotes que a mulher samaritana mencionou — os que adoravam no monte Gerizim, junto ao poço de Jacó. Eu poderia abrir as Escrituras e lhes mostrar por que Deus havia orientado Salomão a construir seu templo em Jerusalém. Poderia ajudá-los a ver os erros em suas crenças.

Ou, se fosse hoje, talvez eu lançaria um *website* e começaria um chamado à ação. Eu poderia construir uma plataforma por meio das redes sociais e recrutaria outros para a minha causa — #salveSamaria. Eu poderia até tentar encontrar algumas celebridades para colaborar e usar sua influência em meu auxílio.

Mas Jesus não fez nenhuma dessas coisas, ali junto ao poço de Jacó em Samaria. Ele não se reuniu com a aristocracia local. Não procurou os pontos em comum com os líderes religiosos.

Em vez disso, Jesus se sentou em um poço e esperou uma mulher específica se aproximar. Porque ela tinha sede.

Amo o que a Bíblia diz em João 4: "Então, deixando o seu cântaro, a mulher voltou à cidade e disse ao povo: 'Venham ver um homem que me disse tudo o que tenho feito. Será que ele não é o Cristo?'" (v. 28-29).

Por que ela abandonou o cântaro? Porque havia encontrado algo melhor.

Veja o que aconteceu em seguida:

> Muitos samaritanos daquela cidade creram nele por causa do seguinte testemunho dado pela mulher: "Ele me disse tudo o que tenho feito". Assim, quando se aproximaram dele, os samaritanos insistiram em que ficasse com eles, e ele ficou dois dias. E, por causa da sua palavra, muitos outros creram. E disseram à mulher: "Agora cremos não somente por causa do que você disse, pois nós mesmos o ouvimos e sabemos que este é realmente o Salvador do mundo" (v. 39-42).

Não sabemos o nome dela, mas essa mulher, que definia sua vida inteira pela sede, se tornou o instrumento usado por Deus para saciar a sede dos outros. Essa mulher, que foi sozinha ao poço de Jacó porque fora repudiada por sua comunidade, se tornou, ela própria, um poço — um afluente da graça de Deus transbordando com a água doadora de vida para a mesma comunidade.

É por isso que quero ver milhões de mulheres orando em suas cidades ao redor do mundo hoje. Pois, quando as mulheres oram, saciam a sede — e abrem fontes de bênção divina para que toda sua comunidade seja saciada também.

CAPÍTULO 7

Ester

Quando as mulheres oram, vencem a injustiça.

Ester sabia que algo estava errado assim que entrou no ambiente. Para começar, Mardoqueu estava em casa, embora ainda não fosse a hora do jantar. Em geral, seu primo e guardião voltava tarde da noite, por causa de seus deveres no palácio.

Mais perturbadora ainda era a presença de um segundo homem, a quem ela nunca vira antes. Ele era persa — isso ficava claro por sua forma de se vestir e pela cor de sua pele. Era também um homem de autoridade, a quem até mesmo Mardoqueu demostrava deferência.

— Oi, Hadassa! — disse Mardoqueu, de pé para cumprimentá-la. Ele sempre a chamava por seu nome hebraico.

Ester dobrou os joelhos e abaixou a cabeça na direção dos dois homens, em sinal de respeito.

— Que satisfação o ver, meu pai — respondeu, usando o título de honra, por causa da visita que o acompanhava.

— Este aqui é o mestre Hegai — disse Mardoqueu, apontando para o estranho. Este não havia se levantado, nem feito alguma saudação. — Ele é... — Mardoqueu hesitou por um momento antes de terminar a frase — ele é servo do rei.

Ester abaixou a cabeça mais uma vez, na direção do recém-chegado. "Outro servo do palácio!", pensou. "Talvez ele trabalhe com Mardoqueu. Será que estão aqui a negócios?".

— Bendito seja — disse Ester, começando a saudação costumeira, mas suas palavras vacilaram diante da intensidade do olhar do Hegai. Ele a encarava abertamente, despindo-a com o olhar. Primeiro o rosto, depois pela extensão do dorso e das pernas, depois voltando e se demorando nos seios. O homem não disse nada. Não sorriu nem disfarçou.

Apenas encarou. E continuou encarando.

Ao perceber o alarme crescer na jovem sob seus cuidados, Mardoqueu estendeu a mão para segurar a dela.

— Há uma novidade no palácio — disse ele. — O rei ordenou que se faça uma busca para substituir Vasti. Hegai é o encarregado da procura.

"Vasti", Ester pensou. "A velha rainha?". Ela desviou os olhos do estranho o suficiente para fitar Mardoqueu, confusa. Tentou fazer uma pergunta com o olhar: "E o que eu tenho que ver com isso?".

— Hadassa! — o rosto de Mardoqueu era bondoso como sempre, mas havia nele agora um ar grave. Uma seriedade que ela poucas vezes havia testemunhado. — Você foi uma das mulheres escolhidas para participar.

Ester continuou olhando para o primo. Era bem melhor do que olhar para aquele estranho que a encarava sem parar.

— Participar? — perguntou. — Fui escolhida para ajudar a encontrar uma nova rainha?

— Não, minha filha — Hegai falou pela primeira vez. Sua voz não era fria, nem hostil, mas nela também não havia ternura. Não era o tipo de voz que Ester estava acostumada a ouvir de homens. Ele se levantou do lugar enquanto continuava a falar. — Você foi escolhida com a possibilidade de *ser* a próxima rainha.

Com tudo!

Nos últimos anos, tenho observado uma nova classe de mulheres assumir o palco central em muitas posições importantes da sociedade. Essas mulheres parecem subir com facilidade e sem esforço as fileiras. Têm consciência instintiva do que precisam fazer para galgar a escada do sucesso e, sem nenhum constrangimento, aspiram ao topo.

Ao encontrar essas mulheres, você imediatamente percebe sua autoconfiança e certeza de si. Elas gostam da própria aparência, mas não sentem a necessidade de menosprezar outras mulheres. Confiam em si mesmas e dependem da própria inteligência, sem diminuir quem está a sua volta. E, em geral, são tão despretensiosas e tão desinteressadas em briguinhas que até mulheres com tendência à inveja as procuram e encontram nelas amigas de confiança.

Em outra era, diríamos que tais mulheres estão com tudo!

Ester era uma mulher assim. Quando adolescente, foi recrutada para participar de uma competição ao estilo Big Brother Brasil, para encontrar a próxima rainha da Pérsia. Ou quem sabe fosse mais como No Limite. Já imaginou centenas de jovens reunidas sob o teto do palácio por meses, todas disputando, competindo e se alfinetando, a fim de entrar para a família real? Estremeço só de pensar!

Ester, porém, não era assim. Ao que tudo indica, sem nem mesmo tentar, ela se destacou em meio à competição. Tornou-se rainha do império mais poderoso de sua época — e provavelmente antes de completar seu 15º aniversário!

Não é de se espantar que o nome Ester, na língua persa, signifique "estrela".

Um dos elementos mais surpreendentes da ascensão de Ester foi que ela veio do nada. Ester não era uma princesinha mimada que fora enfeitada e envaidecida desde a infância. Em vez disso, tanto o pai quanto a mãe de Ester morreram quando ela ainda era criança. Ela era órfã. Além disso, era também imigrante. Era uma moça judia que morava na capital do império que havia destroçado seus antepassados e os levado cativos.

Em outras palavras, Ester sabia como era ser diferente. Ser vista de maneira diferente. Ser ridicularizada por não pertencer — por não ser da mesma cor que a maioria nem defender os mesmos valores da cultura a seu redor.

Com todas essas desvantagens, como Ester teve êxito? Bem, ela tinha três vantagens que ajudaram a transformá-la de órfã em uma estrela ascendente. A primeira era seu primo Mardoqueu, que a adotou quando seus pais morreram. Ao ler o livro de Ester, fica claro que Mardoqueu era um homem de fé. Um homem de princípios. Um homem que entendia a diferença entre o certo e o errado, com paciência e bondade para ensinar os mesmos valores a sua filha adotiva.

A segunda vantagem era a aparência física de Ester. As Escrituras afirmam que ela "era atraente e muito bonita" (cf. Ester 2.7). Tenho certeza de que muito disso estava ligado a seus atributos físicos — os cabelos, os olhos, as curvas e assim por diante. Mas a ideia de atração sempre é mais complicada do que o mero corpo físico. Ester era o tipo de mulher que chama a atenção dos outros. Se ela passasse na rua perto de você, chamaria a sua atenção. Havia "algo a mais" nela que atraía as pessoas.

Talvez esse algo a mais estivesse ligado à terceira vantagem de Ester na vida: sua habilidade de despertar "favor" nos outros. Ela era "favorável". O texto diz: "[...] Ester alcançou favor de todos os que a contemplavam" (v. 15, NAA). Homens e mulheres, jovens e idosos, guardas do palácio ou meninos de rua — as pessoas simplesmente gostavam de estar perto de Ester. Apreciavam sua companhia. Em vez de despertar inveja ou contenda nos outros, ela alcançava favor.

Isso incluía o rei, cujo nome era Xerxes: "O rei gostou mais de Ester do que de qualquer outra mulher; ela foi favorecida por ele e ganhou sua aprovação mais do que qualquer das outras virgens. Então ele colocou nela uma coroa real e tornou-a rainha em lugar de Vasti" (v. 17).

Conheci várias "Esteres" modernas nos últimos anos. Essas mulheres demonstram excelência na sala de aula e, muitas vezes, chegam rápido à diretoria das empresas. São médicas e advogadas. São produtoras de programas de televisão — pessoas que resolvem as coisas e mantêm tudo interessante dia após dia, mês após mês. São influenciadoras no melhor sentido da palavra.

Felizmente, vivemos em uma época na qual as "Esteres" da atualidade assumem seu lugar no cenário político em números cada vez maiores. Nos Estados Unidos, as eleições de 2018 resultaram no Congresso mais diversificado da história, com número recorde de mulheres e minorias se elegendo, incluindo várias mulheres mais jovens, como Lauren Underwood de Illinois, Haley Stevens do Michigan e Alexandra Ocasio-Cortez de New York. Também vivemos em uma época na qual dez dentre as cem maiores cidades dos Estados Unidos são administradas por prefeitas, incluindo Keisha Lance Bottoms em Atlanta.

No exterior, muitos países já superaram há muito os Estados Unidos em termos de representatividade das mulheres na política. Senti orgulho ao ver Ruanda no topo dessa lista. Lá, as mulheres correspondem a 62% do legislativo nacional.

Sem dúvida, o meu país ainda tem um longo caminho a percorrer, e muitos outros lugares do mundo também, mas o progresso deve ser celebrado.

Voltemos às "Esteres" da atualidade. Há um perigo específico que você enfrenta quando todos os ventos sopram ao seu favor na vida. Trata-se de uma armadilha específica na qual você pode cair, quando tem o dom de alcançar o "favor" daqueles que conhece.

Ester deparou com essa armadilha, e isso quase se fechou a sua volta para produzir destruição. Quase! A minha esperança ao analisar a história de Ester — bem como a mensagem mais ampla deste livro — é ajudar as mulheres jovens de sucesso dos dias de hoje a evitar essa mesma armadilha.

A armadilha do favor

A pedido de Mardoqueu, Ester não revelou sua origem judia quando se tornou rainha. Foi discreta em relação ao passado e se concentrou no presente.

Isso não significa que Ester não se mantivesse ocupada. Seu período de rainha começou quando o rei deu um farto banquete e convidou todos os nobres e oficiais. Eles o denominaram "o banquete de Ester". Não permita que essa palavra o engane. Um *banquete* hoje é um evento temporário — uma festa chique dura, no máximo, algumas horas. Não era assim no mundo antigo. É bem provável que essa festa tenha durado semanas. E foi tudo em homenagem a Ester.

Houve então a transição oficial de Ester do harém para dentro do palácio. Ela precisava de um novo guarda-roupa. Sapatos novos. Servas novas. Começou seu treinamento em relação aos deveres oficiais esperados das rainhas daqueles tempos. Também começou a aprofundar o relacionamento com o novo marido.

Ou seja, a vida tratava bem essa "estrela" entre as mulheres da Pérsia. Cada dia parecia mais doce que o anterior, e o futuro parecia lhe sorrir.

O que Ester mal podia imaginar é que uma armadilha para seu povo fora posicionada na terra de seus inimigos — uma trama maligna com motivação sinistra e intenção fatal.

A trama começou com um homem chamado Hamã, o segundo em comando, atrás apenas do rei Xerxes. Todos na capital haviam recebido ordens de se prostrar perante Hamã sempre que ele passava, mas uma pessoa se recusava a fazê-lo: Mardoqueu. Em consequência, Hamã decidiu se vingar:

> Quando Hamã viu que Mardoqueu não se curvava nem se prostrava, ficou muito irado. Contudo, sabendo quem era o povo de Mardoqueu, achou que não bastava matá-lo. Em vez disso, Hamã procurou uma forma de exterminar todos os judeus, o povo de Mardoqueu, em todo o império de Xerxes (Ester 3.5-6).

Se você acha um pouco exagerado cometer genocídio apenas porque um homem não se prostrou na sua presença, só posso concordar. Mas a história não começou aí. Há mais por detrás dessa sombria iniciativa.

O texto descreve Hamã especificamente como "descendente de Agague" (cf. v. 1). Isso é importante. Pois, ao olhar para trás no Antigo Testamento, é possível encontrar um conflito antigo entre os judeus e um povo conhecido como os amalequitas. Eram inimigos amargos. Os amalequitas atacaram e pilharam os judeus após o êxodo do Egito. Muito tempo depois, o exército dos judeus, liderado pelo rei Saul, vingou-se expulsando os amalequitas de sua terra e capturando seu rei.

Você consegue adivinhar o nome desse rei? Isso mesmo: Agague, um dos antepassados de Hamã. O trecho de 1Samuel 15 conta como o profeta Samuel matou Agague, em obediência à ordem de Deus.

Assim, o que vemos na interação entre Mardoqueu e Hamã é um ódio geracional. Trata-se da combinação de preconceitos antigos e um antagonismo profundamente enraizado. Tudo isso acontecia ao redor de Ester, sem que ela nem sequer notasse.

Deixe-me fazer uma pausa por um instante para sugerir que a oração é uma ferramenta crucial para extinguir não só o tipo de ódio geracional que vemos aqui nesta história, mas também o conflito racial que temos enfrentado no mundo inteiro em séculos recentes.

Não importa para onde você olhe neste planeta, existem pessoas que são definidas há gerações pelo ódio de outras. Guerras são travadas por causa da ignorância e do preconceito, que às vezes se estende por décadas. Nações e economias são construídas sobre a pilhagem e a exploração de outras nações e economias. Até em sociedades como a norte-americana, na qual pessoas de todas as raças são incentivadas a viver com liberdade e respeitar umas às outras, as fraturas e falhas de erros do passado continuam a calar fundo — e, com frequência, ainda fazem mais barulho do que gostaríamos de admitir.

Nenhum desses problemas pode ser resolvido de uma hora para a outra. O mundo necessita de cura e leva gerações para curar o dano acumulado por gerações a fio. Mas, se você quiser ver paz e apreço mútuo entre todos os povos e nações, assim como eu, ignorar o poder de cura da oração é um grande prejuízo.

Ester compreendeu essa verdade — finalmente. Mas, antes, precisou de um belo empurrão de Mardoqueu para conseguir chegar lá.

Veja bem, a conspiração de Hamã não foi a armadilha que mencionei ter sido montada para Ester. Nada disso! O que ela enfrentou nesse momento de sua história é o que chamo de armadilha do favor.

Dá para entender os detalhes sutis dessa armadilha quando Mardoqueu pede a Ester que interceda junto ao rei em favor de seu povo e ela responde com relutância. Com hesitação. "Todos os oficiais do rei e o povo das províncias do império sabem que existe somente uma lei para qualquer homem ou mulher que se aproxime do rei no pátio interno sem por ele ser chamado: será morto, a não ser que o rei estenda o cetro de ouro para a pessoa e lhe poupe a vida", explicou ela ao pai adotivo. "E eu não sou chamada à presença do rei há mais de trinta dias" (4.11).

Em essência, Ester estava dizendo a Mardoqueu que o rei poderia matá-la caso ela fosse bater a sua porta. Xerxes não aparecera a seu lado na cama havia um mês, e Ester não cria ser uma boa ideia ir incomodá-lo. Quem sabe ela tentaria algo mais tarde, quando o rei estivesse de humor melhor.

Lembre-se, porém, de com quem Ester estava conversando. Nesse momento, ela vivia no palácio havia alguns meses, mas Mardoqueu era um servo fiel do rei *por anos*. Ele conhecia as regras! Sabia quais eram os costumes. Já havia provado seu amor por Ester e sabia exatamente o que ela estaria colocando em risco caso intercedesse junto ao rei — e pediu que ela o fizesse assim mesmo. Porque seu povo estava desesperado!

A grande questão é que Ester não queria se envolver. A vida estava ótima. Ela estava confortável. Havia chegado ao topo do mundo e, por mais que tenha dito que não queria perder a própria vida, na verdade, estava bem mais preocupada em perder sua posição. Seu favor. Sua bênção.

Essa é a armadilha do favor, e ela pode ser mortal para qualquer pessoa afortunada o suficiente para alcançar o sucesso. Por quê? Porque, quando tudo vai bem na vida, sempre existe a tentação de colocar a manutenção do conforto acima do cumprimento do propósito.

Essa armadilha é especialmente perigosa para as mulheres hoje — as "Esteres" da atualidade. Acredite no que estou dizendo: nem sempre você estará com tudo. Mais cedo ou mais tarde, você será testada, assim como Ester foi testada pelo pedido de Mardoqueu. Mais cedo ou mais tarde, a sua beleza, a sua confiança e o seu favor não serão suficientes para lhe dar tudo de que você necessita.

Se a sua carreira a impulsionou ao auge da sua área, chegará o momento de prova em que você será forçada a colocar em risco o seu escritório na área mais nobre da empresa e a sua escrivaninha de mogno. Você precisará escolher entre aquilo que conquistou e o que sabe ser o certo.

Se você está em um momento de profunda realização nos relacionamentos — encontrou o companheiro certo, que a elogia e a complementa de maneiras que você jamais imaginou ser possível —, chegará o momento de teste. Você precisará escolher se o seu relacionamento com Deus ou o seu relacionamento com esse companheiro ocupará a prioridade número um no seu coração.

Se as suas finanças alcançaram um nível de prosperidade que você jamais imaginou ser possível, chegará um momento de prova no qual Deus estenderá a mão para avaliar o seu coração. O próprio Jesus disse que não podemos servir a dois senhores — precisamos escolher entre Deus ou o dinheiro. Tenha a certeza, então, de que, em algum momento, ele o fará escolher.

Em suma, se você subiu escadas, pulou por cima de cercas e tem vivido no favor da bênção de Deus, é um presente maravilhoso. Não há nenhum motivo para se envergonhar disso! Mas há uma prova a caminho. Há uma avalição vindo na sua direção.

E se, nesse momento de teste, você depender somente da sua capacidade, charme natural e beleza atraente, pode ter certeza de que irá fracassar. É preciso algo mais!

Especificamente, você necessita de oração.

Golpe duplo

Quando Mardoqueu ouviu como Ester estava se esquivando de se posicionar em defesa de seu povo, percebeu o que estava acontecendo. Entendeu a prova que ela estava enfrentando e o perigo envolvido — tanto para os judeus quanto para a própria Ester na esfera pessoal.

Por isso, deu o empurrão de que ela precisava:

> Quando Mardoqueu recebeu a resposta de Ester, mandou dizer-lhe: "Não pense que pelo fato de estar no palácio do rei, você será a única entre os judeus que escapará, pois, se você ficar calada nesta hora, socorro e livramento surgirão de outra parte para os judeus, mas você e a família do seu pai morrerão. Quem sabe se não foi para um momento como este que você chegou à posição de rainha?" (4.12-13).

Esse é um princípio que precisamos entender no mundo atual: quando Deus abre as janelas do Céu e derrama uma bênção sobre você, sempre há um motivo. Deus a ama e deseja genuinamente a sua felicidade, mas sempre há mais envolvido em suas bênçãos do que simplesmente encher a sua conta bancária ou bombar as suas redes sociais.

O que Mardoqueu queria era mostrar a Ester que as bênçãos dadas por Deus incluem responsabilidades atribuídas por ele. Deus tem um propósito em mente. Deu-lhe algo para você usar para a glória dele, não para a sua própria glória.

Em outras palavras, você foi abençoada para ser bênção. Você alcançou favor, a fim de refletir esse mesmo favor aos outros.

Felizmente para Ester, a sabedoria de Mardoqueu a ajudou a encontrar a direção correta:

> Então Ester mandou esta resposta a Mardoqueu: "Vá reunir todos os judeus que estão em Susã, e jejuem em meu favor. Não comam nem bebam durante três dias e três noites. Eu e minhas criadas jejuaremos como vocês. Depois disso irei ao rei, ainda que seja contra a lei. Se eu tiver que morrer, morrerei" (4.15-16).

Eu amo o plano de Ester, porque significou um golpe duplo contra os inimigos de seu povo — e não estou falando de Hamã e seus comparsas, mas também de seu inimigo espiritual, Satanás.

O primeiro golpe foi a oração. Ela é um soco de esquerda na batalha espiritual. Pega o Inimigo desprevenido. Seu segundo golpe foi o jejum. É o soco por cima de direita — o nocaute empoderado pelo Espírito Santo.

Conheço muita gente que se sente desconfortável com a ideia de jejuar. Muitos outros se confundem em relação ao que é o jejum e por quê deveriam praticá-lo. Existem livros inteiros dedicados ao assunto, mas me permita apenas destacar que jejuar é se abster temporariamente de algo físico, a fim de se concentrar no reino espiritual. Trata-se de remover algo de pequena importância da sua vida por um tempo para dedicar foco e ênfase extra no que é eterno.

Historicamente, o jejum tem sido mais associado ao alimento. A ideia é evitar a nutrição física por um período predeterminado — desde uma única refeição até quarenta dias — para receber uma porção maior de alimento espiritual. O jejum caminha lado a lado com a oração, por causa do modo de funcionamento do nosso corpo. Temos o hábito de comer com regularidade, é claro. Por isso, quando voluntariamente ficamos sem comer, o nosso corpo demora para entender o recado. Fica mandando pequenas mensagens, tanto físicas quanto mentais. A barriga ronca, e então toca um despertador por trás da mente, dizendo: "Hora de comer!". Em vez de comer, porém, você pode simplesmente usar essas sensações físicas e mentais como lembretes para orar.

Note também que Ester não embarcou sozinha nessa jornada. Ela recrutou uma nação inteira de pessoas para se unir a ela em jejum e oração.

Com frequência, eu me pergunto por que tantos cristãos atuais acham que a oração é um esporte solitário. Por que muitos de nós cremos que podemos sair sozinhos ao nos envolver em batalha contra o Inimigo? Você se enxerga como uma espécie de obus[1] espiritual, capaz de destroçar demônios e abalar as portas do inferno pelo próprio poder e fervor na oração?

---

1 Tipo de granada explosiva. [N. R.]

Nada disso! A oração funciona melhor em comunidade. A batalha espiritual é mais eficaz quando você conta com um exército à sua volta. Por isso, quando chegar o momento de arregaçar as mangas e lutar pelo bem por meio da oração, pegue primeiro o telefone e ligue para a sua família. Ligue para os seus amigos. Ligue para os seus vizinhos. Ligue para a sua igreja. Ligue para o seu pequeno grupo, comunidade, célula — ou qualquer que seja o nome dos grupos na sua congregação.

Una-se a outros em jejum e oração, como fez Ester. E então se prepare para ver o poder de Deus em ação, como Ester viu.

Por fim, a rainha de fato compareceu diante do rei, após três dias de jejum e oração — e alcançou favor mais uma vez. Não há espaço nestas páginas para detalhar o plano inteligente de Ester, a fim de expor o caráter traiçoeiro de Hamã, mas basta mencionar que aquele homem foi exposto. E não só isso: Hamã acabou enforcado na mesma forca que havia preparado para seu inimigo, Mardoqueu.

A justiça prevaleceu.

Filhas da justiça

O livro de Ester poderia contar uma história bem diferente. Caso ela tivesse decidido permanecer à margem, só torcendo pelo bem de seu povo, teria sido apenas mais uma jovem que ganhou um *reality show* e passaria o restante de seus dias em um casulo de ignorância e riqueza. Talvez um Real Housewives da Pérsia!

Felizmente, Ester tomou a decisão certa. Partiu para a briga com os dois punhos cerrados. E fez a diferença não só para seu povo, mas na história.

Logo, a história de Ester é, em última instância, sobre justiça. Implica posicionar-se contra a injustiça. Diz respeito a resistir ao ódio, ao preconceito e a antagonismos com raízes profundas no passado.

De todo modo, a história de Ester me faz lembrar outra história do Antigo Testamento — um relato tanto semelhante quanto diferente, de diversas maneiras. Gostaria de encerrar este capítulo fazendo um breve comentário sobre as filhas de Zelofeade, tão comumente negligenciadas.

Quando os israelitas estavam prontos para entrar na terra prometida depois de peregrinar pelo deserto por quarenta anos, Deus concedeu ordens, por intermédio de Moisés, descrevendo quais tribos de Israel seriam designadas para diferentes regiões, a fim de construir seu novo lar. Cada uma das doze tribos recebeu uma porção de terra diferente, e então as diversas famílias dentro da tribo receberam uma seção desse pedaço.

Um homem chamado Zelofeade havia morrido enquanto os israelitas peregrinavam pelo deserto. Ele tinha várias filhas, mas nenhum filho, nem outros herdeiros do sexo masculino. No mundo antigo, as filhas não herdavam a terra nem as propriedades dos pais. Só os filhos homens recebiam. Logo, a tradição ditava que a terra do pai delas seria designada para outra família.

As filhas de Zelofeade ficaram compreensivelmente frustradas com esse acordo. Com base nos costumes da época, a única maneira de cada filha garantir o próprio sustento era encontrando um marido. Elas dependiam completamente dos homens para garantir seu futuro.

O mais extraordinário é que as filhas de Zelofeade não só rejeitaram o *status quo*, como também apresentaram o caso a Deus. O nome das cinco era Maalá, Noa, Hogla, Milca e Tirza. Com grande coragem e determinação, elas "[...] se prostraram à entrada da Tenda do Encontro diante de Moisés, do sacerdote Eleazar, dos líderes de toda a comunidade, e disseram: 'Nosso pai morreu no deserto. Ele não estava entre os seguidores de Corá, que se ajuntaram contra o Senhor, mas morreu por causa do seu próprio pecado e não deixou filhos. Por que o nome de nosso pai deveria desaparecer de seu clã por não ter tido um filho? Dê-nos propriedade entre os parentes de nosso pai'" (Números 27.2-4).

Amo a ousadia dessas mulheres! Admiro a chama em seu interior. Elas se apresentaram diante de Moisés, talvez o maior líder da história do mundo além do próprio Jesus. Colocaram-se na presença de todo o grupo de autoridades e oficiais da comunidade. *E fizeram suas exigências!* "Dê-nos propriedade entre os parentes de nosso pai".

Quando Moisés foi perante Deus interceder por essas filhas, por essas mulheres, recebeu a seguinte resposta: "As filhas de Zelofeade têm razão", disse Deus. "Você lhes dará propriedade como herança entre os parentes do pai delas e lhes passará a herança do pai" (v. 7).

E não parou por aí! Deus ordenou que Moisés mudasse as leis dos israelitas de modo que qualquer outra mulher na mesma posição das filhas de Zelofeade recebesse herança. Foi um marco para os direitos das mulheres no mundo antigo. É o equivalente a uma causa na Suprema Corte que muda o sistema legal, de modo a criar novas oportunidades para as mulheres em sua comunidade e muito mais.

Em suma, Maalá, Noa, Hogla, Milca e Tirza se levantaram contra a injustiça. Argumentaram com paixão e propósito em prol do que acreditavam ser correto e foram vindicadas. E o melhor: as consequências dessa justiça que lhes foi feita levou um novo raio de luz a um mundo escuro e perigoso — uma pequena onda de igualdade que se espalharia de maneira crescente ao longo dos séculos.

Precisamos de mais mulheres como as filhas de Zelofeade no mundo hoje. Precisamos de mais "Esteres". Precisamos de mulheres dispostas a se levantar em favor do que acreditam não só com palavras, mas também com ações.

Necessitamos de mulheres que digam "Basta!", quando as drogas e o álcool assolarem suas comunidades. Precisamos de mulheres que se levantem diante de prefeitos, conselheiros municipais e vereadores para exigir o fim da injustiça. Precisamos de mulheres que *se tornem* prefeitas, conselheiras municipais e vereadoras — governadoras e senadoras também e, sim, precisamos de mulheres dispostas a carregar o peso da presidência da República e a servir seu país como Ester fez.

Necessitamos de mulheres fortes neste mundo. Mas, por favor, ouçam-me dizer mais uma vez: não é pela força somente que se vence. A obstinação sozinha não acabará com as trevas nem levará luz a um povo desesperado. A paixão sozinha não dará fim à tirania e à injustiça.

O mundo necessita de mulheres fortes em oração. O mundo necessita de mulheres fortes condutoras da força, da perseverança e da paixão divina.

Pois, quando as mulheres oram, vencem a injustiça.

CAPÍTULO 8

Rode

Quando as mulheres oram,
as pessoas são libertas do cativeiro.

Quando Rode voltou para a sala principal da casa de seu senhor, ouvi mais uma vez o murmúrio de muitas vozes. Mais de dez pessoas estavam espalhadas pelo ambiente, algumas sozinhas de joelhos no chão e outras reunidas em grupos de três ou quatro. Rode conseguia sentir a tensão pairar no ar — um peso que pressionava seu espírito.

"Estamos lutando", ela pensou. "Mas e se perdermos?".

Andando devagar, Rode ouvia trechinhos de orações sussurradas, enquanto colocava comida e bebida na mesa baixa de centro: "Senhor Jesus, nós te louvamos. Senhor Jesus, nós buscamos tua face."; "Impede a obra de Satanás em Jerusalém. Em nome de Jesus, nós amarramos a obra de Satanás na prisão. Em nome de Jesus, nós amarramos a obra de Satanás na casa de Herodes."; "Teu Espírito Santo está com Pedro agora. Por favor, envia teus anjos, Senhor Jesus, para libertar tua serva do cativeiro".

Alguns convidados cumprimentavam Rode enquanto ela colocava uma caneca ao seu lado ou limpava as migalhas de pão. Assentiam com a cabeça ou sorriam — gestos rápidos. A maioria simplesmente continuava a orar.

Voltando à cozinha, com bastante lixo e copos vazios, Rode recorda como Pedro estivera naquela mesma sala apenas dias antes. Sempre expansivo e extrovertido, Pedro havia conversado e caminhado entre as irmãs e os irmãos reunidos ali. Sua voz exprimia palavras de encorajamento. Ela se lembra de como ele segurava os ombros dos homens ao falar. Parecia estar sempre sorrindo.

"Ele colocou a mão dele sobre a minha e pronunciou uma bênção", pensou. "Suas mãos eram tão ásperas e cheias de calos — bem diferentes das do meu senhor. Mas suas palavras eram bondosas e gentis".

Ela odiava pensar que aquele homem bom e humilde agora ficaria trancado dentro de uma prisão romana! Com guardas ao seu lado, acorrentados a ele. No entanto, até mesmo essa imagem empalidecia em comparação com o que poderia acontecer no dia seguinte, depois que os magistrados tomassem sua decisão. "Eles já assassinaram Tiago", pensou ela. "O que acontecerá conosco se Pedro for o próximo?".

Seu trabalho havia terminado por um instante. Rode voltou à sala principal e se ajoelhou fora do círculo de visitantes. Fechou os olhos e tentou desabafar seus pensamentos. "Senhor Jesus, tem misericórdia de mim, pecadora", sussurrou. "Senhor Jesus, tem misericórdia de mim, pecadora".

Um novo som incomodou seus ouvidos e ela olhou para cima surpresa. "Era uma batida na porta? Não...".

"Senhor Jesus, tem misericórdia", ela havia acabado de voltar à oração, quando escutou a batida novamente. Sim, dessa vez não havia dúvida: certamente era uma batida. A porta pesada amorteceu um pouco o barulho, mas ela havia atendido a porta centenas de vezes nas últimas semanas. Conhecia bem o som.

Sua primeira reação foi uma rápida pontada de medo. "Guardas enviados por Herodes!", pensou. "Vieram prender o restante de nós!". Mas não. Não poderia ser. "Os soldados não batem à porta", lembrou-se. "Eles as arrombam".

De pé, com o coração ainda acelerado, ela correu até a porta, quando ouviu as batidas pela terceira vez.

"Quem poderia ser?".

Pessoas comuns

Quero falar sobre essa mulher chamada Rode, porque é possível que você nunca tenha ouvido falar dela. Mas, primeiro preciso explicar o que estava acontecendo em Atos 12, que é onde a encontramos nas Escrituras.

Os primeiros dias da Igreja foram turbulentos em vários aspectos. Após os acontecimentos ligados à crucifixão, os líderes religiosos em Jerusalém acreditavam que o "problema Jesus" estava resolvido. "Acabamos com o pastor", raciocinaram, "então agora certamente as ovelhas se dispersarão".

Mas isso não aconteceu. Ao contrário, as ovelhas — os primeiros seguidores de Cristo — começaram a contar, a todos que estivessem dispostos a ouvir, que Jesus estava vivo. Ele havia ressuscitado dentre os mortos. Então, as ovelhas começaram a realizar milagres. O mesmo tipo de milagres que o próprio Jesus havia realizado. De repente, havia cada vez mais ovelhas por toda parte para onde se olhava. Às vezes, milhares de pessoas eram acrescentadas à Igreja em um só dia. O movimento crescia exponencialmente.

A princípio, os líderes religiosos em Jerusalém tentaram responder cautelosamente. Em Atos 4, por exemplo, eles prenderam Pedro e João por pregarem Jesus, mas os dispensaram apenas com uma advertência. Os membros do Sinédrio ordenaram que Pedro e João não falassem, nem ensinassem "em nome de Jesus" (cf. v. 18). Foi apenas um tapinha na mão. Eles estavam se fazendo de bonzinhos.

Para crédito de Pedro e João, eles não entraram no jogo. Disseram: "Julguem os senhores mesmos se é justo aos olhos de Deus obedecer aos senhores e não a Deus. Pois não podemos deixar de falar do que vimos e ouvimos" (v. 19-20).

Posteriormente, quando a Igreja continuou a crescer, os líderes religiosos em Jerusalém se tornaram mais severos. Começaram a prender mais desses "cristãos" — seguidores do caminho. Prendiam famílias inteiras na cadeia e os mantinham ali. Então, conforme conta Atos 7, prenderam um jovem chamado Estêvão e o acusaram de blasfemar contra Deus. Em vez de encarcerá-lo, apedrejaram Estêvão até a morte. Cansaram de se fazer de bonzinhos. Era hora de arrancar o mal pela raiz.

As Escrituras dizem: "[...] Naquela ocasião, desencadeou-se grande perseguição contra a igreja em Jerusalém. Todos, exceto os apóstolos, foram dispersos pelas regiões da Judeia e de Samaria" (Atos 8.1). Ironicamente, essa perseguição acabou alimentando a expansão da Igreja para outro nível totalmente novo. À medida que as pessoas fugiam de Jerusalém, a fim de escapar da ira dos líderes judeus, levaram o Evangelho consigo. E o movimento continuou a se espalhar.

Por volta dessa mesma época, um homem chamado Saulo "[...] devastava a igreja. Indo de casa em casa, arrastava homens e mulheres e os lançava na prisão" (8.3). Esse Saulo posteriormente se tornou conhecido como Paulo. Após seu encontro com o Cristo ressurreto, Paulo se transformou no maior missionário que o mundo já conheceu.

Em Atos 12, vemos o rei Herodes se envolver na perseguição dos cristãos. Ele tinha a autoridade de Roma no bolso, e isso o tornava um inimigo perigoso. Herodes ordenou a prisão e execução de Tiago, irmão do apóstolo João e um dos "filhos do trovão". Quando ele viu o quanto essa decisão alegrou os líderes religiosos de Jerusalém, também mandou prender Pedro.

É aí que Rode entra em cena. Após a prisão de Pedro, os líderes da igreja de Jerusalém se reuniram para orar. Permaneceram juntos por horas, derramando o coração diante de Deus para pedir que a vida de Pedro fosse poupada. Rode estava dentro da casa, mas não era uma das líderes. Ela não era uma das pessoas ricas, cujos cultos se realizavam dentro de casa. Não era nem sequer casada com um dos líderes da igreja.

Não, Rode era uma serva. Era funcionária. Uma empregada. O texto simplesmente a descreve como "uma serva chamada Rode" (cf. Atos 12.13).

Uma das coisas que mais amo na Bíblia é como ela eleva, de maneira consistente e sem nenhum constrangimento, o status de pessoas comuns. Rode era serva, mas, conforme veremos, participou de um milagre. Muitos dos discípulos de Jesus eram pescadores, ou seja, gente simples, sem instrução formal. Eles não se deram bem o suficiente na escola hebraica para se tornarem escribas ou rabinos.

Josué era soldado. Raabe era prostituta, e Rute respigava comida do campo dos outros após a colheita, ou seja, era praticamente uma pedinte. No entanto, essas duas mulheres são listadas nas Escrituras como ancestrais de Jesus. Davi começou a vida como pastor de ovelhas. Eliseu era fazendeiro, antes de assumir o manto de Elias. José era carpinteiro. Um dos apóstolos de Jesus se chamava "Simão zelote", ou seja, era um arruaceiro. Hoje, poderia até ser chamado de terrorista.

Até Pedro é um grande exemplo. Ele era um pescador e o tipo de cara que jamais parecia conseguir fechar a boca. Era rude. Xingava. Gabava-se das coisas e tentava parecer melhor que os outros. Certa vez, ele se expressou tão mal que Jesus o repreendeu dizendo: "Para trás de mim, Satanás!" (cf. Marcos 8.33).

Apesar de tudo isso, Pedro foi o grande rosto da igreja primitiva. Todos reconhecemos Paulo como um grande homem hoje, pois ele escreveu boa parte do Novo Testamento, mas nem sempre percebemos que Pedro era a pessoa à frente da Igreja, antes mesmo que ela fosse uma igreja. Foi Pedro quem pregou o sermão no dia de Pentecostes. Foi Pedro quem andou pelas ruas, realizando milagres e gerando problemas, a ponto de acabar preso, tudo em nome de Jesus e por sua glória.

Deus ama pessoas comuns — o tipo de gente que normalmente é empurrada para os bastidores das cenas da sociedade. Gente como Rode. Deus não apenas ama tais pessoas, como também compreende seu valor. Ele entende suas particularidades e contribuições singulares para este mundo.

Se a Bíblia fosse escrita hoje, estaria repleta de motoristas de Uber e professores do jardim da infância. Leríamos versículos sobre encanadores realizando milagres, e zeladores expulsando demônios. O Espírito Santo revelaria o Evangelho pelos dedos e lábios de imigrantes, caixas de supermercados, baristas e operários.

Porque Deus compreende o valor das pessoas comuns. Pessoas como Rode.

Poder extraordinário

Levando a questão ainda mais além, a Bíblia não só exalta o valor das pessoas comuns, como também destaca exatamente o que pode acontecer quando pessoas comuns oram, gente como Rode e aqueles que estavam com ela enquanto Pedro permanecia na prisão.

Pois, quando as pessoas comuns oram, ganham acesso a um poder extraordinário.

Veja o que o texto diz: "Na noite anterior ao dia em que Herodes iria submetê-lo a julgamento, Pedro estava dormindo entre dois soldados, preso com duas algemas, e sentinelas montavam guarda à entrada do cárcere" (Atos 12.6).

Essa é uma situação grave. Além de Pedro estar preso em uma cela, havia dois soldados com ele. Os soldados não só o acompanhavam na cela, mas também o rodeavam. O apóstolo precisava dormir entre eles. Não podia nem ir para um cantinho a sós e ter um pouco de privacidade. Além de precisar dormir entre os dois soldados, Pedro estava preso com correntes — e provavelmente esses mesmos grilhões o conectavam aos soldados. Além de Pedro estar preso aos soldados que o cercavam na cela da prisão, havia outros dois soldados do lado de fora da cela para vigiar, caso Pedro conseguisse, de algum modo, se livrar das correntes e passar pela porta.

Sabe como chamo esse tipo de situação? Cativeiro. Pedro estava em cativeiro.

Sempre que penso em prisão ou cadeia, recordo, de forma vívida, as minhas experiências no castelo de São Jorge da Mina, em Gana. Se você não está familiarizado com esse nome, trata-se de um lugar onde os escravos ficavam em celas, antes de serem despachados de navio para as Américas ou outros portos ao redor do mundo.

Lembro-me de colocar os meus dedos nas marcas e arranhões que entalham o interior das paredes do castelo. Essas marcas foram causadas pelas tentativas dos escravos de escalar a pedra com nada além das próprias unhas, no desespero de fugir — no desespero de ficar livres. Também me lembro da construção em frente ao castelo, onde os proprietários de escravos se reuniam para ir à igreja a cada semana. Eles adoravam a Deus, mesmo fazendo planos de acorrentar pessoas criadas por ele, separar famílias e vender aquilo que o próprio Deus já havia comprado por meio do sacrifício de seu filho.

O que aprendi naquele castelo é que a oração por libertação costuma nascer da adversidade. Nasce do terror. Muitas vezes, as nossas orações começam onde a medicina termina.

O cativeiro, é claro, continua a ser um fato da vida hoje, inclusive o cativeiro físico. Continua a haver seguidores de Jesus ao redor do mundo inteiro que acordam e dormem em celas de concreto. Alguns estão encarcerados por sua crença em Cristo — a perseguição religiosa é uma realidade atual. Outros estão presos em consequência de escolhas erradas. Outros ainda estão encarcerados por causa de sistemas falhos, que criam pessoas falhas, e porque a injustiça gera opressão.

Entre 1980 e 2015, no meu país, os Estados Unidos, o número de encarcerados cresceu de 500 mil para mais de 2,2 milhões. A maioria dos detentos é formada por homens afro-americanos. Aliás, os homens negros são aprisionados com frequência mais de cinco vezes maior do que homens brancos. De maneira semelhante, as mulheres negras têm probabilidade duas vezes maior de parar na cadeia do que as brancas.[1]

É impossível superestimar as consequências desse desequilíbrio na minha comunidade. Gerações de crianças negras têm crescido sem pai, porque estes estão encarcerados. E, quando os homens negros recebem a liberdade de volta, costumam achar praticamente impossível encontrar emprego por causa da mancha do cárcere. As famílias estão sofrendo, e muitos na nossa comunidade desconfiam das próprias autoridades, que têm a responsabilidade de protegê-los.

Isso é cativeiro. É um sistema de cativeiro.

Mas a realidade do cativeiro vai muito além de tribunais e cadeias. Há mais tipos de vergalhões neste mundo do que os encontrados nas prisões.

Existe, por exemplo, o cativeiro relacional, no qual as próprias paredes do lar parecem paredes da prisão. Você vive com medo do que pode acontecer, caso o seu cônjuge

---

1 "Criminal Justice Fact Sheet", NAACP. Disponível em: https://www.naacp.org/criminal-justice-fact-sheet. Acesso em: 31 mar. 2020.

fique bravo ou algum gatilho desencadeie um surto de raiva. Você não está segura. Não está protegida. E não consegue enxergar uma maneira de sair ilesa dessa situação.

Existe o cativeiro econômico, no qual a falta de recursos é como um grilhão que a amarra no chão. Você tem sonhos e esperanças. Tem ambições. Quer abrir as asas e voar, mas não consegue porque não tem recursos que a impulsionem adiante. Você está presa. Trancada por tudo aquilo que lhe falta.

Há também o cativeiro da dependência. O vício é um grilhão grave, não importa qual seja sua fonte. Drogas. Álcool. Pornografia. Codependência relacional. Com frequência, o seu próprio corpo se volta contra você, chegando ao ponto em que parece que até mesmo a habilidade de tomar decisões é removida.

Permita-me, então, lhe perguntar: De que maneiras você vive em cativeiro atualmente? Quando você se deita à noite para dormir, quem são os soldados que a pressionam? Quando você sentiu pela primeira vez a frieza das algemas nos pulsos, e do que elas são feitas?

Há um princípio que espero que você ouça e compreenda: se você estiver presa e acorrentada, começando a perder qualquer esperança de liberdade, esse é o momento de orar, pois orações comuns têm poder fora do comum para libertá-la do cativeiro!

Foi essa a experiência de Pedro. De acordo com o texto: "Repentinamente apareceu um anjo do Senhor, e uma luz brilhou na cela. Ele tocou no lado de Pedro e o acordou. 'Depressa, levante-se!', disse ele. Então as algemas caíram dos punhos de Pedro" (Atos 12.7). O anjo conduziu Pedro, passando pelos guardas até chegar ao ar livre, abrindo portas e destrancando cadeados quando necessário.

O mais engraçado de toda essa situação é que Pedro não fazia ideia de que era real. O texto diz: "[...] tudo lhe parecia uma visão" (v. 9). Essa é uma maneira gentil de dizer que Pedro imaginou que aquilo não passava de um sonho — de uma fantasia agradável, enquanto, na verdade, ele estava apenas dormindo entre os soldados. Quando finalmente se deu conta de que realmente fora resgatado, Pedro disse: "Agora sei, sem nenhuma dúvida, que o Senhor enviou o seu anjo e me libertou das mãos de Herodes" (v. 11).

Isso é liberdade! E é o tipo de poder extraordinário ao qual podemos ter acesso como comunidade quando pessoas comuns oram.

Abra a porta!

Quero destacar uma dinâmica interessante em relação a como tudo isso aconteceu. De maneira específica, há dois locais em ação — dois cenários na história.

Primeiro, havia a casa na qual os diferentes líderes da igreja se reuniam a fim de orar por Pedro. A casa na qual Rode era serva. Você consegue visualizá-los orando? Homens e mulheres de diferentes idades, todos clamando juntos por Pedro. Imagine como devia ser o som de tudo isso! Imagine a energia espiritual no ambiente — o fervor e a expectativa!

Em segundo lugar, havia a prisão do outro lado da cidade. Aquela onde Pedro fora acorrentado e encarcerado — por um tempo.

O que quero que você veja é o seguinte: enquanto o grupo na casa orava em uma parte da cidade, Deus *simultaneamente* trabalhava na prisão do outro lado. Sabemos que Deus estava em ação em certo sentido porque o texto diz: "Pedro estava dormindo entre dois soldados" (cf. v. 6). A única maneira de conseguir dormir apertado entre dois soldados, esperando ser condenado à morte na manhã seguinte, é ter Deus ao seu lado para lhe dar sua paz. Seu conforto. Seu dom sobrenatural do descanso.

Mais do que isso: enquanto as pessoas na casa continuavam a orar — com grande fervor e fé, tenho certeza —, Deus enviou seu anjo para livrar Pedro da prisão. Enquanto as pessoas ainda estavam no meio das orações, Deus já havia se movido para responder com poder sobrenatural.

A ideia que quero transmitir é esta: quando você escolhe se relacionar com Deus em oração, chega o momento, no início desse processo, no qual você precisa confiar que ele está no caso — mesmo que você não veja nenhuma evidência de resposta. Talvez *especialmente* quando você não conseguir ver nenhuma evidência de resposta.

Lembro-me de quando viajei até Charlotte, a fim de visitar a minha mãe, que estava hospitalizada. Eu estava indo vê-la quando alguém me reconheceu no corredor.

— Pastor Jakes! — disse ela. — Eu já o vi na televisão! Isso só pode ser um sinal de Deus! A minha mãe está com morte cerebral. Ela não consegue sentar-se nem falar. Os médicos dizem que não há esperança. Você pode vir orar por ela?

A resposta que eu queria dar naquele momento era algo mais ou menos assim: "Vou pedir alguém para lhe mandar uma fita, mas agora estou a caminho de visitar a minha mãe".

Mas a minha resposta de fato foi:

— Onde ela está?

Mesmo sem sentir vontade, mesmo sem empolgação, segui aquela mulher pelo corredor e orei pela mãe dela. Enquanto eu orava, senti a presença de Deus no ambiente. Não houve nenhuma evidência por parte daquela senhora. Ela não apertou a minha mão, não murmurou, nem grunhiu. Mas tive a consciência do Espírito de Deus.

Ao terminar a oração, segui o meu caminho e fui cuidar da minha mãe. Eu não tinha nenhuma expectativa de voltar a ver aquela mulher, mas, cerca de um ano depois, quando estava realizando um encontro do programa "Mulher, tu estás livre!" na mesma cidade, lá estava ela, passando pela porta. Estava de bengala, mas caminhando. E me disse:

— Pastor Jakes, provavelmente você nem se lembra, mas a minha filha me contou que você orou por mim. E, na manhã seguinte, acordei do coma. Os médicos disseram que foi um milagre!

O que aprendi naquele momento é que você nunca sabe o que Deus fará em resposta às orações de seu povo. Há poder fora do comum quando pessoas comuns oram — pessoas como você e eu!

Sei que há momentos em que parece que as suas orações não têm efeito algum. Sei que há instantes em que tudo que você diz, todas as preces que faz parecem não passar do teto e correm o risco de cair de volta sobre os seus pés.

Preciso, porém, que você entenda que Deus está agindo. Mesmo quando você não consegue ver o que está acontecendo, ele está agindo. Mesmo quando você não sente a presença ou o poder dele, Deus está agindo. Mesmo quando você ora por meses, anos ou décadas sem que nada aconteça e começa a afundar em dúvida ou desespero — é hora de confiar nele e continuar orando, pois ele está agindo!

Pedro descobriu como Deus estava agindo. Rode também. Ela estava ali com todos os líderes da igreja, clamando a Deus em oração por um milagre. E, mesmo tendo realizado o milagre, Deus não mandou um memorando para a sala de oração dando a notícia. Não fez uma atualização de status dizendo: "Atenção, as suas preces foram atendidas. Basta aguardar!".

Nada disso. O que aconteceu foi que Rode ouviu uma batida à porta.

O texto diz: "Pedro bateu à porta do alpendre, e uma serva chamada Rode veio atender. Ao reconhecer a voz de Pedro, tomada de alegria, ela correu de volta, sem abrir a porta, e exclamou: 'Pedro está à porta!'" (Atos 12.13-14).

Não foi o dono da casa que escutou a evidência da resposta divina às orações. Não foi nenhum dos líderes da igreja de joelhos, derramando-se diante de Deus. Não. Quem ouviu as batidas foi Rode, e ela correu para responder.

Só houve um detalhe: ela se esqueceu de abrir a porta!

Pode parecer estranho, mas muitas vezes o Diabo não se incomoda quando nós, cristãos, fazemos o que estamos acostumados. Não se incomoda quando pregadores falam sobre transformação, restauração, cura e tudo mais. Não se preocupa quando nos reunimos para cantar ou dançar pelos corredores ou até mesmo quando oramos em línguas. Ele não tem medo dos nossos pequenos grupos, classes de escola dominical e projetos de serviço.

Em suma, Satanás não se incomoda com a Igreja fazendo coisas de igreja — contanto que não abramos a porta.

O que quero dizer com isso? Que é comum o povo de Deus se prender a rituais e armadilhas de se parecer com o povo de Deus, sem, na verdade, tomar posse do poder de Deus. E é isso que o Diabo teme: o poder de Deus em ação na nossa vida. O poder de Deus solto no mundo.

Rode ouviu Pedro bater e reconheceu sua voz. Mas se esqueceu de abrir a porta!

Chega o momento, na prática da oração, em que precisamos reconhecer o que Deus está fazendo ao nosso redor. Necessitamos ouvir a batida à porta. Quando chega esse momento, é hora de mudar de marcha. Precisamos tirar as vestes do luto, dar fim ao choro e parar de nos sentirmos mal com nós mesmos — pois aquilo pelo qual temos orado está às portas!

Chega o momento em que as suas orações realizarão aquilo que foram destinadas a fazer. Esse é o momento de agir! Lembra-se de quando Jesus curou o paralítico depois que seus amigos o abaixaram pelo telhado? Jesus disse que os pecados dele estavam perdoados. Então complementou: "[...] Levante-se, pegue a sua maca e vá para casa" (Lucas 5.24).

Assim como os amigos daquele homem, Rode teve a fé necessária para orar pela libertação de Pedro. Teve fé para crer que Deus *podia* fazer algo grandioso, e teve presença de espírito para ouvir a batida depois de Deus já ter realizado algo grande. Teve fé para se levantar e ir até a porta. Teve fé suficiente para testar se a provisão viera em sua direção. Ela reconheceu a voz de Pedro. Teve, inclusive, fé suficiente para resistir aos outros na casa, quando lhe disseram que ela era louca ou que devia ter encontrado o fantasma de Pedro.

Mas ela se esqueceu de abrir a porta!

Desejo ver uma nova geração de mulheres se erguendo no mesmo espírito de Rode — mulheres comuns com a fé de Rode. No entanto, algo igualmente importante é o seguinte: comunico a Satanás que essa nova geração não parará junto à porta, como Rode fez. Não! Essa nova geração de mulheres que oram abrirá a porta do poder extraordinário de Deus. E, se a porta emperrar um pouco, essa nova geração de mulheres que oram estará pronta para arrombá-la!

É disso que precisamos no mundo atual. É isso que liberará o poder de Deus na sua vida e na vida das pessoas que você ama. Isso quebrará as cadeias que nos prendem. O poder extraordinário de Deus fluirá pelas orações de pessoas comuns quando temos fé para orar — e quando estamos dispostos a agir para abrir a porta e tomar posse daquilo que Deus já colocou à nossa disposição.

Estou cansado de todas as brigas sobre denominações e doutrinas. Estou cansado de todas as discussões sobre qual igreja é melhor, qual tipo de adoração é melhor e se podemos acomodar brancos, negros e pardos no mesmo templo. Estou cansado de uma igreja que se senta confortavelmente em seus grilhões, sem nenhuma motivação para sair da prisão da ineficácia.

Quero ver mulheres comuns prontas para abraçar vidas fora do comum, baseadas na oração. Pois, quando as mulheres oram, são libertas do cativeiro.

CAPÍTULO 9

A sunamita

Quando as mulheres oram,
até o que estava morto pode voltar a viver.

Ela já estava esperando na rua quando seu esposo saiu de casa. Ajeitou a túnica dele enquanto caminhava, com a barriga cheia do café da manhã.

— Por que você força a visão em busca daquele homem? — perguntou ele. — Se ele aparecer hoje, ótimo. Se não, virá qualquer outro dia. Entre e não fique aqui pegando Sol.

— Sim, querido — respondeu ela. E observou junto à porta ele começar a longa e difícil jornada até os campos.

"Ele virá hoje", pensou. "Ele tem passado pela nossa cidade no mesmo dia há cinco semanas. E virá hoje de novo".

É claro que todos em Suném haviam ouvido falar sobre esse profeta chamado Elias. Esse homem de Deus. Histórias a seu respeito eram contadas de Jerusalém a Damasco e muito além. "Mas eu já o vi", continuou a pensar. "Já falei com ele várias vezes. E, depois de hoje, quem sabe passe a me considerar uma de suas amigas, mesmo não pertencendo a seu povo."

Ela recordou seu primeiro encontro com o homem de Deus. Quando o viu parado na rua, conversando com o servo, foi lhe oferecer alimento e água. Nessa ocasião, não era nada além de seu costume. Ela era uma mulher hospitaleira, e seu marido, um homem de recursos. Ela doava pela alegria de doar.

Enquanto falava com aquele homem, porém, reconheceu a diferença que nele havia. Algo de estranho. Ele tinha uma autoridade impossível de negar. Um poder que ela não havia testemunhado, nem percebido mesmo em meio aos mais santos dos sacerdotes de seu povo.

"Ele realmente é um homem de Deus", refletiu. "Ele me dá a esperança de que esse negócio de Deus pode mesmo ser verdade".

A partir de então, ela estava sempre atenta. Esperando. Toda vez que via Elias e seu servo passando pela rua, estava pronta com uma refeição. Algo quente para beber. Um lugar para descansar após uma jornada cansativa.

Agora, ela tinha algo mais a oferecer. Fora preciso muita argumentação, mas seu marido finalmente dera permissão para um dos servos construir um cômodo na parte de cima da casa. Nada luxuoso. Ela sabia que um verdadeiro homem de Deus desconfiaria da ostentação. Mas sentia que ele ficaria feliz em ter um lugar para descansar. Ele e seu servo.

"Somente um quarto, uma cadeira e uma lâmpada", pensou. "E uma mesa também".

Ela viu a poeira se remexer em um ponto distante da estrada. Seria aquela a silhueta de um homem ou de dois? Pareciam dois.

Entrando em casa, chamou as servas para começar os preparativos. Só um pouco de comida e bebida. Só um quarto e uma cadeira.

"Quem sabe ele aceite!", pensou ela. "E talvez a nossa casa seja abençoada novamente por sua presença".

Espaço para Deus

Chegamos agora a outra mulher cujo nome não foi registrado na Bíblia. Os especialistas e professores de Bíblia costumam se referir a ela como "a sunamita". Ela tem sido definida há milênios por nada mais significativo do que sua cidade natal.

Quando analisamos o texto mais de perto, porém, percebemos logo de cara que ela não era uma mulher comum.

A Bíblia a descreve como "uma mulher rica", ou seja, ela possuía dinheiro. Ou talvez — o mais provável — o marido dela tinha dinheiro. A antiga versão King James a descreve como "uma grande mulher". Gosto mais assim.

Além disso, era uma mulher muito hospitaleira. Você deve saber que a hospitalidade era uma virtude fundamental no mundo antigo, e continua a ser valorizada no Oriente Médio. Conforme você verá, porém, essa mulher superava em muito as expectativas. O texto conta que o profeta Elias estava passando por Suném, a cidade natal dela. Então, a mulher "insistiu" que ele ficasse para fazer uma refeição. Ela não "consentiu". Não "permitiu". Não agiu em resposta a um pedido de Elias. Em vez disso, viu que Elias e o servo estavam com fome e proativamente, com grande generosidade, "insistiu" em ter permissão de suprir a necessidade deles.

Conheci muitas grandes mulheres ao longo da vida. E, quando digo "grandes", não significa necessariamente "famosas". Já tive interações maravilhosas com Oprah Winfrey, Coretta Scott King e outras mulheres que são tanto grandes quanto famosas. Há, porém, muitas, muitas mulheres no mundo hoje que são, ao mesmo tempo, grandes e desconhecidas. Não divulgadas.

A minha mãe e a minha avó foram grandes mulheres, por exemplo. A minha esposa e a mãe dela são grandes mulheres. Há grandes mulheres que frequentam a nossa igreja toda semana. Há grandes mulheres que doam seus recursos para abençoar outras por meio dos nossos congressos do programa "Mulher, tu estás livre!". Há grandes mulheres em famílias e comunidades do mundo inteiro que são sábias em seus conselhos, generosas na hospitalidade e fortes na conexão espiritual com Deus.

Há algo que posso dizer com toda confiança: toda vez que tive o privilégio de interagir com uma grande mulher, sempre saí abençoado. Sempre saí preenchido. Sempre saí rejuvenescido e restaurado.

As grandes mulheres são um bem extraordinário neste mundo. E, pelo que tenho observado, as grandes mulheres quase sempre são mulheres de oração.

A sunamita foi uma grande mulher e teve a sabedoria de reconhecer a singularidade de Elias. Ela reconheceu, de maneira específica, a conexão de Elias com Deus. O próprio Elias não era um grande homem, mas tinha uma conexão poderosa com o grande Deus. Logo, a mulher construiu um quarto para Elias e seu servo usarem sempre que passassem pela cidade de Suném. Edificou um lugar onde poderiam ficar com certo grau de conforto e segurança.

Em outras palavras, a mulher sunamita abriu espaço para Elias em sua casa. E, ao fazê-lo, abriu espaço para a obra de Deus em sua vida.

Amo essa imagem porque ilustra uma verdade importante: se você quer ver Deus agir na sua vida, precisa abrir espaço para ele. Se você quer desfrutar a presença e o poder de Deus, precisa lhe dar espaço para agir. Espaço para respirar.

Da mesma maneira, se você deseja experimentar as bênçãos de Deus — se quer que ele satisfaça as suas necessidades e os seus desejos —, precisa abrir espaço. É necessário abrir uma área para receber aquilo de que você necessita e aquilo que você deseja.

Já reparou o quanto as pessoas são ocupadas no mundo de hoje? Especialmente as mulheres! Às vezes, simplesmente não há espaço para que nada mais aconteça. Quando você preenche seu dia com trabalho e faz ligações até mesmo enquanto se desloca até o escritório, não deixa espaço para Deus. Quando tem tantos *hobbies* e projetos que não consegue nem organizar tudo o que está acontecendo, não deixa espaço para Deus. Quando dá tudo que tem para a sua família, pois se sente desesperada por aprovação, não deixa espaço para Deus. E, quando junta uma temporada inteira de uma série para maratonar um episódio após o outro, não deixa espaço para Deus.

Deus não é um vendedor aleatório que tenta forçar entrada na sua casa ou vida. Ele espera até você lhe oferecer espaço para trabalhar e, então, trabalha.

Abra lugar para Deus na sua vida. Caso contrário, você não terá espaço para orar.

Necessidades e desejos

Depois de receber a generosidade da mulher, Elias pediu ao servo que lhe perguntasse: "Você teve todo este trabalho por nossa causa. O que podemos fazer por você? Quer que eu interceda por você ao rei ou ao comandante do exército? [...]" (2Reis 4.13). Elias queria devolver bondade com bondade.

A Bíblia conta que ela respondeu: "[...] Estou bem entre a minha própria gente" (v. 13). Em outras palavras: "Está tudo certo. Tenho tudo de que preciso".

Elias continuou sondando. Conversou com seu servo Geazi, perguntando a opinião dele sobre alguma forma de retribuir a bondade dessa mulher. Ao que Geazi sugeriu: "[...] Bem, ela não tem filhos, e seu marido é idoso" (v. 14). Que descrição! Que resumo das circunstâncias de vida daquela mulher! Vimos, no capítulo sobre Sara, como a esterilidade era um estigma terrível no mundo antigo. E, para piorar ainda mais as coisas, o marido daquela mulher era idoso. Ou seja, não havia esperança alguma de melhora em sua situação.

O profeta chamou a sunamita mais uma vez e declarou: "Por volta desta época, no ano que vem, você estará com um filho nos braços" (v. 16a).

Veja como ela reagiu: "Não, meu senhor", objetou. "Não iludas a tua serva, ó homem de Deus!" (v. 16b).

Por que essa mulher rechaçaria tão veementemente a promessa de um filho? Porque havia enterrado tão profundamente sua esperança, que doía começar a cavar tudo para fora de novo. Essa mulher havia reprimido seu desejo de ter filhos ao longo dos anos. Havia sentido essa vontade e ansiado pela sensação de um bebê nos braços e pelo som do riso de uma criança em seu lar. Mas tinha sufocado esses desejos.

A mulher tinha um buraco no coração e o preencheu com bastante dinheiro, posses e conforto, na tentativa de apagar a chama do desejo de ter filhos. Havia sufocado essa vontade e a jogado cada vez mais fundo, até se convencer de que o desejo havia morrido.

Mas esse é um dos perigos de abrir espaço para Deus na sua vida, pois ele sabe colocar o dedo naquilo pelo que você mais anseia. Esse é um dos perigos de abrir espaço para a oração na nossa vida — pois a oração é capaz de dar vida ao que acreditávamos já ter morrido.

Quantas vezes tentamos nos convencer de que não precisamos de nada? Quantas vezes tentamos convencer os outros de que está tudo bem? Quantas vezes tentamos convencer Deus? Sentimos o mover de seu Espírito quando ele estende a mão para oferecer uma bênção, mas negamos. "Estou ótima! Tenho tudo de que preciso".

Um princípio importante: não importa quanto você tente, não pode esconder de Deus os seus desejos. Não importa quanto você se esforce para negar o próprio coração, não pode esconder de Deus os seus anseios. Ele sabe! E colocará o dedo nesses desejos quando você lhe der espaço para tal por meio da oração.

A realidade é que os seres humanos são criaturas extremamente adaptáveis. Quando fazemos a transição de um ponto a outro na vida, com frequência precisamos nos adaptar a situações em transformação. Precisamos nos acostumar a novos sentimentos e novas circunstâncias. Precisamos aprender a viver em meio a novas condições, cercados por pessoas novas. Caso contrário, não sobrevivemos.

Isso é bom, na maior parte do tempo. É bom quando as pessoas conseguem se adaptar, mudar e continuar a prosperar. Pois, se há algo sobre a vida que sabemos com toda certeza, é que as mudanças são inevitáveis.

O problema acontece quando a nossa adaptação leva à aceitação de algo que jamais deveríamos aceitar. Isso quase sempre acontece por causa de provas e tragédias. Quando somos forçados a suportar circunstâncias difíceis, adaptamo-nos a tais circunstâncias encontrando formas de minimizar a dor que experimentamos. Aprendemos a fazer o nosso sofrimento entrar em curto-circuito, a fim de superar a situação e seguir em frente.

A sunamita havia se adaptado a sua situação, ao aceitar a própria esterilidade. Por isso, ficou chocada e talvez até mesmo perplexa, quando Elias cutucou sua ferida.

O que você tem aceitado que não deveria encontrar espaço na sua vida? O que você tem aceitado na sua família que não deveria encontrar espaço no seu lar?

Você aceitou a esterilidade espiritual? Aceitou a fragmentação própria ou dos seus filhos? Do seu cônjuge? Tem aceitado relacionamentos que a colocam para baixo? Tem aceitado abuso, infelicidade ou desrespeito?

Um dos motivos que leva você a tentar negar os seus anseios e desejos é o fato de ser alvejada muitas vezes pelo desapontamento. Antes, você costumava se apegar à esperança. Costumava acreditar, ansiar e orar a Deus, pedindo que lhe desse aquilo que mais deseja. Mas nunca aconteceu. As orações jamais foram atendidas. Por isso, a fim de se proteger de mais feridas, a fim de se proteger da desilusão, você permitiu que se formasse uma crosta sobre o seu coração. Um endurecimento. Um calo. Um mecanismo de defesa.

Felizmente, Deus consegue romper essa crosta. Ele sabe abrir uma brecha nas nossas defesas e tocar o nosso coração quando identifica o momento certo.

Foi exatamente isso que ele fez com a sunamita.

A morte de um sonho

A Bíblia é bem prática ao contar sobre o milagre na vida da mulher sunamita: "Mas, como Eliseu lhe dissera, a mulher engravidou e, no ano seguinte, por volta daquela mesma época, deu à luz um filho" (v. 17). Problema resolvido!

Mas, pare um pouco para tentar imaginar a alegria que ela deve ter sentido! Que alegria extraordinária, vivificante e repleta de esperança! Você consegue vê-la amamentando a criança junto à mesma janela pela qual costumava olhar enquanto esperava Elias passar? Consegue vê-la levando o menino até o quarto de Elias e o deixar brincando na cama enquanto o profeta não estava lá? Consegue ouvir suas palavras enquanto apresentava a criança a vizinhos e amigos? "Sim, eu sabia que seria um menino, por causa da promessa do profeta!".

Amo quando as mulheres recebem presentes grandiosos, porque as mulheres estão acostumadas a doar o tempo inteiro. Elas doam tempo em prol dos outros. Doam seus talentos em benefício dos outros. Doam energia, força e, às vezes, até mesmo a própria sanidade, à medida que realizam tarefa após tarefa, projeto após projeto, a serviço de quem amam.

É maravilhoso quando essas mulheres têm um momento de *receber*, em vez de *doar*.

Que trágico, então, quando lemos o que aconteceu em seguida:

> O menino cresceu e, certo dia, foi encontrar-se com seu pai, que estava com os ceifeiros. De repente ele começou a chamar o pai, gritando: "Ai, minha cabeça! Ai, minha cabeça!" O pai disse a um servo: "Leve-o para a mãe dele". O servo o pegou e o levou à mãe. O menino ficou no colo dela até o meio-dia e morreu. Ela subiu ao quarto do homem de Deus, deitou o menino na cama, saiu e fechou a porta (v. 18-21).

A nossa reação imediata ao ler esses versículos é: "Como? Por quê?". Depois de tudo que a mulher havia passado, e após finalmente receber aquilo que seu coração desejava, por que Deus apareceu para lhe tirar a criança? Como isso pôde acontecer?

Veja, não quero entrar aqui no mundo da fantasia, mas preciso parar um pouquinho para avaliar a insensatez do marido da sunamita. Esse é o tipo de homem que me deixa louco!

Para começar, o garoto está no meio do campo, gritando:

— Minha cabeça! Minha cabeça!

Você provavelmente entende que a cabeça é uma parte importante do corpo. A mãe do menino entendia a importância da cabeça. Os servos lá no campo também entendiam. Mas o pai era totalmente sem noção. Disse a um dos funcionários:

— Leve-o para a mãe.

O homem não teve a empatia nem a urgência emocional de levar o próprio filho a um lugar seguro. Entregou o garoto nas mãos de um dos servos e continuou a trabalhar.

Mais tarde, naquele dia, depois que o menino morreu, a sunamita chamou o marido e pediu uma jumenta para ir "logo" falar com o homem de Deus. "Mas por que hoje?", ele perguntou. "Não é lua nova nem sábado!" (v. 23).

Não fazia muito tempo que o filho dele havia sido levado para a mãe gritando de dor porque havia algo de errado com sua cabeça. Então a mãe sai correndo da casa e diz:

— Preciso ir depressa ver o pregador. Pegue uma jumenta para eu poder sair o mais rápido possível!

Qualquer pessoa inteligente deveria ser capaz de estabelecer uma conexão entre os dois acontecimentos. Qualquer pai que se importasse com sua família deveria ter percebido que podia haver algo de errado com o filho. No mínimo, um marido que entendesse um pouco sobre a esposa deveria ser capaz de reconhecer, em seu rosto, que ela estava reagindo a uma situação muito grave e estava morrendo de medo.

Mas não! Aquele tolo perguntou:

— Por que você precisa ver o pastor? Hoje nem é domingo!

O homem não parou de trabalhar. Não perguntou qual era o problema. Não estava nem ciente de que o próprio filho havia morrido.

Há um ditado que diz que, por trás de um grande homem, há sempre uma grande mulher. Lamento muito dizer que a recíproca nem sempre é verdadeira. Há muitas grandes mulheres no mundo hoje que sofrem sob a liderança de bárbaros. Há muitas filhas maravilhosas cujo desenvolvimento e cuja perspectiva de vida são podados, porque se veem presas com pais parasitas.

Em suma, há muitas mulheres hoje casadas com grandes tolos que deveriam agir como homens. A verdade pura e simples é que o seu marido pode decepcionar você. A sua parentela pode decepcionar você. Até os sistemas nas nossas igrejas, comunidades e nação podem decepcionar você e tentar colocá-la para baixo.

É por todas essas razões cruciais que as mulheres precisam orar.

Foi isso que a sunamita fez. Seu sonho havia morrido em seus braços. O filho que por tantos anos ela ansiara carregar — o filho prometido e dado por Deus — lhe fora tirado. E ela estava desesperada. Então fez a única coisa que conseguiu pensar em fazer: correu para o homem de Deus.

Quando encontrou Elias, a Bíblia conta que "ela se abraçou aos seus pés" (cf. v. 27). Ela o agarrou. Apossou-se do único poder que esperava ser forte o bastante para fazer algo em relação a sua situação.

Ah, que você seja como essa mulher quando a tragédia se abater sobre o seu lar! Ah, que você reaja como ela quando o desespero e a desesperança ameaçarem a sua família.

Com que frequência respondemos a uma tragédia com estoicismo? Quantas vezes tentamos fingir que está tudo bem? Quantas vezes tentamos nos convencer de que não precisamos daquilo que perdemos — daquela pessoa, daquele sonho, daquela visão ou daquela verdade — simplesmente porque perdemos? Esse é o caminho fácil. Esse é o caminho da covardia. Fingir que algo não nos machuca quando todos conseguem enxergar que estamos devastados e aflitos.

A sunamita fez a escolha certa, porque correu na direção de Deus — correu na direção de seu profeta. Quando conseguiu avistar Elias, prostrou-se ao chão e se abraçou a seus pés. Além disso, disse ao homem de Deus: "Juro pelo nome do SENHOR e por tua vida que, se ficares, não irei [...]" (v. 30).

Em outras palavras, essa mulher não deixaria o profeta de Deus ir embora até que o Senhor liberasse seu poder para resolver o problema dela.

Essa é uma imagem da oração. Não negue as suas necessidades. Não negue a dor que você está sentindo. Corra para Deus! Apegue-se a ele e se recuse a soltar! Porque ele é capaz de dar vida aos seus sonhos, mesmo que pareça certo para você e todos ao redor que eles morreram há muito tempo.

Para terminar a história, Elias voltou correndo com a mulher e subiu ao quarto para ver o menino. Ele se deitou sobre o garoto, conforme relata o texto, "boca a boca, olhos com olhos, mãos com mãos" (cf. v. 33). E o corpo do garoto transformou a frieza da morte em calor vital. A Bíblia conta: "[...] O menino espirrou sete vezes e abriu os olhos" (v. 35).

Então, Elias chamou a mulher de volta ao quarto e lhe entregou o filho vivo, respirando, rindo e espirrando. Seu sonho estava vivo de novo. Por quê? Por causa da oração. Porque ela se recusou a aceitar a própria situação como estava e, em vez disso, correu atrás do profeta e do poder de Deus.

Espero que você tome a mesma decisão quando sentir que os seus sonhos estão morrendo — quando parecer que a esperança está escorrendo por entre os seus dedos. Espero que você corra para Deus, mergulhe e se abrace a seus pés. Espero que você grude nele e se recuse a ir embora.

Pois, quando as mulheres oram, até o que estava morto pode voltar a viver.

CAPÍTULO 10

A profetisa Ana

Quando as mulheres oram,
as pessoas encontram a salvação.

Ana sentiu um formigamento atrás do pescoço. Era uma sensação ao mesmo tempo estranha e familiar. Olhando para cima, imaginou que um vento devia ter entrado pelo átrio do templo, mas logo percebeu que estava de xale. Sua pele estava coberta.

“Talvez seja um tipo diferente de vento”, pensou. “Quem sabe um tipo de brisa”.

Ela procurou sua bengala e então — devagar, com cuidado, prestando atenção a cada movimento — ela se pôs de pé. Seus joelhos ficaram protuberantes quando ela se endireitou. A coluna estralou. Fazia horas que ela estava orando e sabia, por experiência, que precisaria de alguns minutos antes de conseguir andar.

"Um dia não conseguirei mais me levantar", refletiu. "Simplesmente ficarei estática no chão, até alguém encontrar o corpo".

Esse pensamento não a afligia. Ela tinha 84 anos de idade e havia passado mais de sessenta deles vivendo e adorando no templo. Com certeza, esperava morrer ali.

Quando as pontadas dolorosas, subindo e descendo pelas pernas, começaram a ceder, Ana deu alguns passos cuidadosos adiante. Tudo parecia estar dando certo. Ela mudou de direção e começou a se dirigir a seus pequenos aposentos anexos à parede externa do templo.

Por alguma razão, os pensamentos de Ana se voltaram para seu marido. Ela vinha pensando mais nele nas últimas semanas, embora não visse seu rosto fazia mais de seis décadas.

"O que ele diria se me visse arrastando os pés cambaleando desse jeito?", perguntou-se. A resposta lhe veio à mente quase de imediato. "Ele reconheceria o quão irônico era que a menina que sempre sonhou em viajar para cidades distantes tivesse passado a vida inteira no mesmo átrio, fazendo a mesma coisa, dia após dia".

Ela deu risada com esse pensamento. Seu marido tinha mesmo um ótimo senso de humor...

Havia sempre muita gente passando pelo átrio do templo, e muitas vozes chamando e gritando entre si. Em geral, ela as ignorava, embora sua audição continuasse tão aguçada como sempre. Hoje, porém, ela se virou diante do som da voz de Simeão. Outro velho soldado, como ela. Outro que havia passado a vida inteira esperando para ver aquilo que todos almejavam, mas quase ninguém acreditava que de fato se passaria.

"Pois os meus olhos já viram a tua salvação", Simeão estava dizendo. Ele segurava um bebê nos braços — bem novinho, com o pai e a mãe por perto, protegendo-o. "Luz para revelação aos gentios e para a glória de Israel, teu povo".

"Seria possível?", Ana se perguntou. Ela apressou o passo, à medida que a jovem mãe pegava o bebê dos braços de Simeão. Havia um sorriso em seu rosto. Era uma garota adorável. Tão jovem!

Mas Ana só tinha olhos para a criança.

"Sim!", pensou ela. "Meu Senhor e meu Deus, depois de todos esses anos... Sim!".

Escravos e salvadores

Ana é uma personagem interessante das Escrituras por diversos motivos. Para começar, ela tinha 84 anos de idade em uma época na qual a expectativa de vida devia ser de 40 a 50 anos. O texto também conta que Ana permaneceu casada com seu esposo por "sete anos" antes da morte deste. Então, após o falecimento do marido, ela passou o resto da vida — provavelmente mais de sessenta anos — orando e adorando a Deus no templo. Literalmente. A Bíblia conta: "Nunca deixava o templo: adorava a Deus jejuando e orando dia e noite" (Lucas 2.37b).

Veja bem, amo o que construímos na Igreja Potter's House, em Dallas. Aprecio passar tempo ali ao longo da semana e desfruto de maneira especial cada culto de domingo com a nossa comunidade. Mas ainda há momentos em que sinto necessidade de voltar para a minha casa, para o meu quarto, de me assentar na minha cadeira e relaxar um pouco, comendo uma carninha assada e lendo um bom livro. Preciso de um tempo.

Ana não. Ela provavelmente tinha pequenos aposentos dentro do próprio templo e era ali que vivia. Sua vida era completamente dedicada a adorar, jejuar e orar.

O mais interessante em relação a Ana, porém, é seu título. As Escrituras dizem: "Estava ali a profetisa Ana, filha de Fanuel, da tribo de Aser" (v. 36a). Ana era profetisa. Era uma das únicas pessoas de sua geração que ouvia a voz de Deus de maneira poderosa e que recebera a incumbência de transmitir suas mensagens ao povo judeu e além.

Talvez você se surpreenda ao ficar sabendo que Ana não foi a única mulher profetisa na Bíblia. Houve várias outras. Miriã, irmã de Moisés, foi a primeira mulher a receber esse título (cf. Êxodo 15.20). Débora, uma das "juízas" que liderou os israelitas antes da instituição da monarquia com o rei Saul, também é chamada de "profetisa" (cf. Juízes 4.4). Hulda foi uma profetisa que ministrou durante o reinado de reis de Israel (cf. 2Crônicas 34.22). O profeta Isaías era casado com uma profetisa (cf. Isaías 8.3). E, no Novo Testamento, o evangelista Filipe tinha quatro filhas solteiras, e o texto diz que todas elas "profetizavam" (cf. Atos 21.9).

A grande lição é que as mulheres têm acesso ao Deus todo-poderoso em uma linha direta, assim como os homens. Sim, há papéis bíblicos instituídos para maridos e esposas.

E, sim, há instruções dadas no Novo Testamento, a fim de estruturar a autoridade e o ensino dentro da Igreja. Na esfera pessoal, porém, não existe exigência alguma de que uma mulher procure um homem para se conectar com Deus. As mulheres podem pegar o grande telefone de emergência e ter acesso instantâneo ao Rei.

Isso nos leva a uma pergunta importante: O que você está fazendo com esse acesso? Com que frequência você usa o grande telefone de emergência? Pois, lembre-se: sua linha direta com Deus só a beneficiará se você a usar. É por isso que continuo fazendo um apelo para que as mulheres de todos os lugares orem.

Veja bem, a posição de Ana como profetisa provavelmente significa que ela recebera instrução bíblica do Antigo Testamento. Talvez seja por isso que o texto enfatiza seu pai, Penuel. Entenda: a maioria das mulheres no mundo antigo não tinha permissão para frequentar a escola. Em geral, eram proibidas de aprender a ler e escrever, e costumavam ter seu acesso negado ao estudo da Palavra de Deus.

Logo, eu me pergunto se Penuel era um pouco dissidente. Eu me pergunto se ele havia ficado à margem e decidido que sua filha precisava entender as Escrituras. Nesse caso, Penuel deve ter lhe ensinado sobre os patriarcas judeus: Abraão, Isaque e Jacó. Deve ter contado sobre outras figuras centrais como Davi e Salomão, Elias e Eliseu, Daniel e Ezequiel.

Sem dúvida, Penuel deve ter ensinado à filha sobre Moisés. Familiarizou-a com o livro de Êxodo e descreveu a escravização dos israelitas durante o período que passaram no Egito. Narrou a história da primeira tentativa de Moisés de resgatar seu povo, quando ele matou a guarda egípcia e acabou perseguido até Midiã, onde viveu como pastor, em desgraça, por quarenta anos. Imagino Penuel pintando um retrato vívido da sarça ardente e do chamado de Deus, para Moisés voltar ao Egito. Quase consigo ver o medo nos olhos de Ana e ouvir seus sussurros baixinhos enquanto Penuel descrevia em detalhes cada uma das dez pragas, que culminaram na morte do filho do próprio faraó. Imagino que ela escondeu a cabeça debaixo do cobertor atemorizada quando o pai contou que o exército do faraó perseguiu os israelitas junto às margens do mar Vermelho, e penso nela dando risadas quando ele anunciou triunfantemente que Deus libertou seu povo ao dividir as águas diante da ordem de Moisés, permitindo que atravessassem em terra seca, em meio ao perigo das águas.

Por que estou me demorando tanto em Moisés aqui? Porque, se Ana tivesse entendido como seu povo, os israelitas, foram resgatados da escravidão no Egito, reconheceria uma escravidão semelhante em sua época.

Os judeus nos dias de Ana não haviam voltado para o Egito, mas, em essência, era como se tivessem sido vendidos em escravidão habitando na própria terra. Tinham sido conquistados pelo Império Romano. Os cidadãos de Jerusalém e das vilas vizinhas eram vassalos de Roma. O povo escolhido de Deus se via forçado a pagar impostos a governantes estrangeiros e prestar tributo a deuses estranhos.

Em outras palavras, Ana reconheceria que seu povo necessitava mais uma vez de Moisés — necessitava mais uma vez de um salvador. E, enquanto ela vivia, adorava e orava no templo dia após dia, ano após ano, Ana acreditava que esse salvador logo chegaria.

Você sabia que a escravidão continua a ser um grande problema no mundo hoje? Os ativistas estimam que existem cerca de 40 milhões de pessoas escravizadas ao redor do mundo hoje. Agora mesmo. É mais do que a *soma* da população da grande São Paulo e da região metropolitana do Rio de Janeiro. Cerca de metade desses 40 milhões é formada por pessoas e famílias confinados em escravidão por dívida, que acontece quando os escravos têm com os "patrões" dívidas impossíveis de quitar. Continuam trabalhando, dia após dia, em fábricas imundas e condições sub-humanas, mas ganham menos dinheiro do que seu custo de vida. Quanto mais trabalham, mais sua dívida aumenta.

O tráfico e a escravidão sexual constituem outra grande parte desses 40 milhões de escravos modernos. Aliás, mulheres e meninas abrangem 71% de todas as pessoas ainda escravizadas no mundo moderno.[1]

Esse é outro motivo para as mulheres orarem.

Há, porém, outros tipos de escravidão que vão além da dimensão física. É possível ser escravizada pelo vício, por exemplo. Aquilo que começa como diversão, ou uma maneira de liberar o estresse, pode se tornar logo mortalmente grave.

---

[1] FITZPATRICK, Terry. "Shocking Statistics, Encouraging Commitments at United Nations", FreetheSlaves.net. Disponível em: https://www.freetheslaves.net/shocking-statistics -encouraging-commitments-at-united-nations. Acesso em: 21 set. 2017.

Quando você fica acorrentada pelas próprias escolhas e não se sente mais no controle da sua própria vida, é melhor recorrer à oração.

Você pode ser escravizada pela injustiça. Você e o seu cônjuge trabalham duro todos os dias para tentar oferecer uma boa vida para a sua família. Economizam sempre que conseguem, mas parece que nunca é suficiente. Vocês já conversaram infinitamente sobre diferentes opções de escape, de melhorar de vida ou de sair do aperto, mas as opções nunca se transformam em oportunidades. Você está acorrentada por um sistema que a mantém na lama.

Também é possível ser escravizada pelos próprios desejos — as suas vontades e o seu querer. Você se sente bem quando compra algo novo. Algo bonito. Talvez você sinta o ego lá em cima quando a sua roupa está bem mais elegante que a das suas colegas de trabalho. Quem sabe tenha sentido uma empolgação quando o vizinho viu o seu carro novo na garagem. Mas a sensação nunca dura muito. Não satisfaz e sempre a deixa com vontade de mais. A próxima dose. Você está acorrentada pelas tentativas de comprar uma vida realizada.

Há um princípio do qual espero que você se lembre: quando você é escrava de algo mais poderoso do que você, não tem esperança de fuga pelo próprio poder. Você necessita de um salvador.

Oração em busca de salvação

Há muito que podemos admirar em Ana. Embora só leiamos a seu respeito em dois ou três versículos da Bíblia, há muito em sua vida que podemos imitar na nossa.

Por exemplo, note a *persistência* das orações de Ana. A dedicação à oração era a principal característica de sua vida. Para muitos de nós, a oração é uma atividade que "encaixamos". Fazemos quando sobra um tempinho. Ou seja, temos de um lado as nossas prioridades, que determinam boa parte da nossa rotina diária, semanal, mensal e assim por diante. Então, tanto quanto possível, encaixamos algumas outras ideias ou ideias que também consideramos importantes — inclusive a oração.

Não era assim que Ana abordava a vida. Ela nunca saía do templo, porque a oração *era* sua vida. Era sua prioridade. A oração era o alicerce ao redor do qual ela construía todas as outras partes de seu dia, sua semana, seu mês e assim por diante.

Note também a *diversidade* da vida de oração de Ana. É fácil ficarmos presos na mesmice na nossa vida de oração. Se não tomarmos cuidado, acabaremos fazendo a mesma coisa vez após vez. "Querido Deus, muito obrigado por este dia. Por favor, ajuda-me a fazer X, dá-me Y e me mostra Z. Em nome de Jesus, amém".

Não era assim que Ana orava. Ela era criativa. Para começar, era uma mulher de adoração. Enquanto ministrava nas cortes do templo a cada dia, ela louvava a Deus por seu caráter. Proclamava sua bondade e fidelidade. Atribuía glória *a* Deus, em vez de sempre usar a oração como oportunidade de ganhar algo *de* Deus.

Além disso, Ana incorporou o jejum como parte de sua vida de oração. Conforme vimos com Ester, jejum significa escolher negar algo de que você precisa na esfera física, a fim de se concentrar em necessidades e desejos maiores na esfera espiritual. Assim era Ana — ela escolhia regularmente renunciar aos prazeres temporários e do sustento da comida, a fim de clamar a Deus acerca de sua grande necessidade de salvação. Pedia cura em sua vida e na vida dos seus. E clamava por resgate dos males a seu redor.

Por fim, note a *disciplina* da vida de oração de Ana. Ela orava "noite e dia", de acordo com o texto. Era intencional em transformar a oração em prioridade, de tal modo que suas ações refletiam essa prioridade. Tinha o tipo de disciplina interna que leva muitas pessoas de sucesso a organizarem a própria vida de acordo com o que desejam, em vez de permitir que o caos da vida as chacoalhe de um lado para o outro pelo vento e pelas ondas.

Sim, há muito que podemos imitar na disciplina de Ana em oração, na diversidade de seus métodos ao orar e em sua persistência em buscar ao Senhor todos os dias por um período não só de anos, mas de décadas.

Vamos fazer uma pausa por um instante aqui. Porque uma das perguntas que precisamos fazer quando lemos sobre Ana é a seguinte: Sobre o que ela orava por todos esses anos? Conforme vimos, ela "[...] nunca deixava o templo: adorava a Deus jejuando e orando dia e noite" (v. 37). Mas qual era o foco de sua adoração, seus jejuns e suas orações?

Em outras palavras, o que ela queria?

Creio que Ana estava focada no Messias. Ela orava por um salvador, e não só para si, mas para seu povo — e para o mundo inteiro.

O Antigo Testamento está repleto de profecias que apontam para o Messias — para aquele que viria como o segundo Moisés e livraria o povo de Deus da escravidão. Desde Gênesis, quando Deus falou com Abraão, disse: "Abençoarei os que o abençoarem e amaldiçoarei os que o amaldiçoarem; e por meio de você todos os povos da terra serão abençoados" (Gênesis 12.3). Trata-se de uma promessa grandiosa!

Posteriormente, Deus fez uma promessa semelhante a Davi:

> Quando a sua vida chegar ao fim e você descansar com os seus antepassados, escolherei um dos seus filhos para sucedê-lo, um fruto do seu próprio corpo, e eu estabelecerei o reino dele. Será ele quem construirá um templo em honra ao meu nome, e eu firmarei o trono dele para sempre. Eu serei seu pai, e ele será meu filho (2Samuel 7.12-14a).

Para sempre é uma expressão forte!

Então, em Malaquias 4, o último capítulo do que costumamos chamar de Antigo Testamento, Deus declarou:

> "Pois certamente vem o dia, ardente como uma fornalha. Todos os arrogantes e todos os malfeitores serão como palha, e aquele dia, que está chegando, ateará fogo neles", diz o SENHOR dos Exércitos. "Não sobrará raiz ou galho algum. Mas, para vocês que reverenciam o meu nome, o sol da justiça se levantará trazendo cura em suas asas. E vocês sairão e saltarão como bezerros soltos do curral. Depois esmagarão os ímpios, que serão como pó sob as solas dos seus pés, no dia em que eu agir", diz o SENHOR dos Exércitos (v. 1-3).

Essas são apenas algumas das promessas antigas que apontavam para um salvador futuro. Ana estava familiarizada com todas elas. Seu povo conhecia essas passagens bíblicas e nelas meditava. Apegavam-se a essas promessas enquanto Roma os mantinha em grilhões e os pressionava ao pó da terra em seu próprio país.

Era por isso que Ana dedicava sua vida à oração. Porque estava desesperada por ver "o dia" chegar. Ansiava para que o "sol da justiça" se levantasse "trazendo cura em suas asas". Mais do que qualquer outra coisa, ela queria estar junto a seu povo quando este corresse pelas ruas dançando e comemorando "como bezerros soltos do curral".

Ana queria experimentar a alegria da salvação. E, por isso, orava.

E você? De qual situação você necessita atualmente ser resgatada? Em que áreas da vida você se sente escravizada ou oprimida? De onde está clamando por salvação?

Deus cumpre suas promessas

Ao nos aproximarmos do final deste livro sobre a oração, eu seria omisso se deixasse de mencionar que a *conexão* com Deus é um dos pré-requisitos da oração. A fim de se comunicar com Deus, é preciso ter uma conexão com ele — conhecê-lo e ser conhecido por ele.

Pense nisso da seguinte forma: tentar orar sem conexão com Deus é como tentar fazer uma ligação telefônica com o celular fora de área. Você pode até fazer o trabalho habitual de procurar a pessoa em sua lista de contatos e até digitar diferentes números. Pode até falar ao telefone e imaginar que há alguém ouvindo o que você diz. Mas, se você está sem conexão — se não há conexão entre você e a pessoa que está tentando ligar —, então os seus esforços são inúteis.

Por isso, minha irmã, permita-me perguntar: Você tem conexão com Deus?

A Bíblia diz que, na nossa condição natural, os seres humanos estão separados de Deus. Estamos desconectados. Sem sinal. Por quê? Porque Deus é santo, e nós somos pecadores. De acordo com o apóstolo Paulo, “todos pecaram e estão destituídos da glória de Deus” (Romanos 3.23). Além disso, “o salário do pecado é a morte” (6.23a).

As Boas-Novas do Evangelho dizem que há uma solução para a separação. O nosso serviço pode ser restaurado. Como? Por intermédio de Jesus Cristo. Por meio de uma conexão com ele, que “[...] tira o pecado do mundo” (João 1.29). Jesus é o Deus encarnado que veio à humanidade, a fim de reconectá-la consigo.

E, como não poderia deixar de ser, Jesus é o bebê que Ana segurou nos braços, após orar por mais de sessenta anos pela salvação divina. Por resgate. Por um salvador. Aproximando-se de Maria e José, os pais de Jesus, Ana “[...] deu graças a Deus e falava a respeito do menino a todos os que esperavam a redenção de Jerusalém” (Lucas 2.38).

Imagine a alegria que Ana sentiu naquele momento! Imagine seu deslumbramento ao ver a esperança do mundo inteiro contida naquelas pequeninas mãos! Será que ela recordou tudo que seu pai havia lhe ensinado acerca de Moisés? Sobre o resgate, a redenção e o poder de Deus para salvar? Creio que sim!

Esse momento é uma prova de que Deus é fiel em cumprir suas promessas — sobretudo quando seu povo ora. Ana orava, jejuava e adorava havia décadas, pois estava desesperada por salvação. Estava desesperada para que Deus cumprisse sua promessa de um salvador. E Deus foi fiel em responder.

A notícia mais extraordinária em tudo isso é que Deus também prometeu responder às nossas orações. Falando por intermédio do profeta Isaías, ele disse: "Antes de clamarem, eu responderei; ainda não estarão falando, e eu os ouvirei" (Isaías 65.24). Falando por meio do apóstolo João, ele prometeu: "Esta é a confiança que temos ao nos aproximarmos de Deus: se pedirmos alguma coisa de acordo com a vontade de Deus, ele nos ouvirá. E, se sabemos que ele nos ouve em tudo o que pedimos, sabemos que temos o que dele pedimos" (1João 5.14-15).

Quando você clama a Deus por salvação, ele ouve. Quando você pede a Deus paz em meio a um mundo tumultuado, ele ouve. Quando você suplica por amor, calor humano e gentileza, porque está sentindo solidão e medo, ele ouve. Quando você se abraça aos pés de Deus e se recusa a deixá-lo partir, como fez a sunamita, ele não tentará chutá-la para longe. Ele a ouvirá.

Sempre que você ora, Deus ouve. E ele responderá.

É a essa promessa que as mulheres podem se apegar ao orar. Esse é o poder que as mulheres podem acessar quando oram — essa conexão com o Todo-Poderoso. Essa é a maravilha e a alegria que as mulheres podem desfrutar quando falam com Deus e esperam sua resposta, porque ele de fato responde.

Portanto, ore. Pois, quando as mulheres oram, Deus responde — e as pessoas encontram a salvação.

Conclusão

Terminarei este livro no colo da minha avó materna. Ela era agricultora em terras arrendadas e criou quinze filhos em meio à Grande Depressão. Enfrentou todas as desvantagens imagináveis associadas à sua época e às complexidades raciais do passado disfuncional do nosso país. A minha primeira lembrança dela, quando eu ainda estava na pré-escola, vem da peregrinação anual que fazíamos, do estado da Virgínia Ocidental até o Sul do país, para ter um encontro com a nossa cultura, contar as nossas histórias familiares e manter contato com os nossos parentes do Sul. Nessa ocasião específica, ela estava sentada em uma velha cadeira de balanço, feita de madeira, em sua modesta sala de estar, bem perto da estrada de terra vermelha que levava à sua casa.

Nós nos conhecemos na intersecção do meu começo e de seu fim. Tenho certeza de que eu era jovem demais para reconhecer plenamente que aqueles momentos deixariam uma impressão indelével e uma consciência inextinguível de quem eu sou também. Eu ainda não fazia ideia de que a vida dela se aproximava do fim. Deitei a cabeça em seu colo, apreciando os momentos a seu lado, tentando extrair de seus olhos profundos e expressões coloquiais antigas uma sabedoria que moldasse a minha vida. Lembro-me de uma colcha à moda antiga bem enfeitada que cobria seu colo. Ainda me lembro da sensação do tecido trançado, no qual fragmentos de cortinas, vestidos e calças velhos haviam sido cortados e cuidadosamente costurados juntos, para formar uma cobertura bela, mas cheia de simplicidade, para seus joelhos doloridos.

No meio do colo, havia uma Bíblia enorme de letra gigante, com tamanho suficiente para sua visão falha reconhecer. Era o tipo de Bíblia que a maioria das pessoas coloca na mesa de centro ou em um aparador. A Bíblia estava cheia de papéis, fotos de família, anotações e outros tesouros.

Susie Williams Patton era mãe da minha mãe. Serviu por anos como missionária da Igreja Batista Morning Star em Marion, Alabama. Os anos que passou ministrando na escola dominical, fazendo partos, ajudando os enfermos e auxiliando os necessitados haviam cobrado seu preço. Mas a colcha sobre os joelhos dava conforto à artrite em seus olhos. Seus olhos bem iluminados e os excêntricos cabelos grisalhos estruturavam sua pele marrom enrugada, de tal maneira que ela me parecia uma Monalisa negra.

Como a colcha da minha avó, cheguei à conclusão de que as mulheres são formadas por diversos pedaços de tecido. Não são monolíticas nem monocromáticas. Cada mulher tem a própria história, assim como as mulheres que estudamos neste livro. Privá-las de suas histórias únicas, apenas para fins de conformidade, arruinaria a autenticidade das narrativas que elas compartilham.

De maneira semelhante, as mulheres deste livro não são vizinhas. Nem mesmo pertencem à mesma era. Suas histórias abrangem milhares de anos. Têm diferentes origens étnicas, experiências singulares e diversos graus de influência. Mas o fio que as une em uma colcha que aquece o coração é o fio da fé e da oração. Esse fio une suas histórias e cria um poder comum.

Por favor, não abandone a sua singularidade para viver de acordo com o que os outros esperam de você. Em vez disso, minha irmã, trilhe o seu caminho, diga o que deseja e siga o seu sonho! Crie filhos ou não, case-se ou viva só, curse o nível mais elevado das universidades mais prestigiadas ou dirija uma carreta pelo país. Deus não precisa lhe atribuir caráter sobrenatural para transformá-la em uma força da natureza. Em vez disso, você é original de fábrica, com interior customizado e potencial infinito. Creio que ele usará a sua jornada como fonte de calor humano e conforto para este mundo frio e, por vezes, solitário.

A sua fé moldará cada pedaço da sua vida. Costurará as bordas esfarrapadas dos seus erros passados, assim como tecerá as suas realizações e conquistas futuras. Apenas saiba que Deus e você bastam para resistir às noites congelantes da vida. Contanto que você se mantenha fiel à Palavra do Senhor e resista às limitações impostas sobre você por aqueles incrédulos que subestimam o seu valor, você sempre se erguerá com intrepidez!

Entenda que o rico tesouro da sua herança a equipou de tal modo que a vitória já está nos seus olhos. O pulso de muitas sobreviventes rodeia as próprias células de sua existência.

Você está construindo o retrato de possibilidades inimagináveis que os seus descendentes considerarão possíveis. Os filhos dos seus filhos serão influenciados pelo vislumbre que terão da sua vida e história. Por isso, eu a aconselho a permitir que o legado de grandeza continue a alcançar os outros, por meio de você. Nos momentos inevitáveis de dolorosa incerteza, reconheça que todas essas mulheres da Bíblia são suas irmãs de guerra, suas antigas ancestrais. Conheça a história delas, lance mão da força que tiveram e siga em frente.

Em suma, cada uma dessas extraordinárias mulheres da Bíblia são suas avós na fé. O DNA delas existe em você. A coragem delas corre pelas suas veias como se fosse sangue. E, quando a vida ficar difícil e as noites parecerem frias, sempre volte o olhar para elas — sempre olhe para cima em busca do Deus delas e creia que aquele que começou a boa obra em você irá completá-la, assim como fez na vida daquelas mulheres! Até que a sua jornada a leve ao ritmo da cadeira de balanço da minha avó, compreenda que o Deus de toda consolação e toda graça é o guia e a fonte que a ajudarão a terminar a sua corrida.

Nas palavras de Aretha Franklin, "chacoalhe sem parar"! Vocês são minhas irmãs, tias, avós, filhas e esposa — e eu as amo! Chacoalhe as reuniões de diretoria, os tribunais, as salas de aula e todos os lugares por onde passarem. Chacoalhe o ritmo dos seus sonhos e leve no colo a Palavra de Deus.

Um dia, os seus netos deitarão a cabeça no seu colo e a olharão maravilhados diante de tudo que você realizou! Até então, que aquele que a começou, termine sua obra-prima, tecendo-a retalho por retalho, para seu propósito supremo!

Esta obra foi composta em *Literata*
e impressa por gráfica Piffer Print sobre papel
Pólen Bold 90 g/m² para Editora Vida.